U0677584

情商交际学

刘江川／编著

吉林出版集团股份有限公司｜全国百佳图书出版单位

图书在版编目（CIP）数据

　高情商交际学 / 刘江川编著 . —— 长春：吉林出版
集团股份有限公司 , 2019.10
　ISBN 978-7-5581-7755-2

　Ⅰ . ①高… Ⅱ . ①刘… Ⅲ . ①心理交往 - 通俗读物
Ⅳ . ① C912.11-49

中国版本图书馆 CIP 数据核字 (2019) 第 207499 号

GAO QINGSHANG JIAOJI XUE
高情商交际学

编　　著：刘江川
出版策划：孙　昶
项目统筹：郝秋月
责任编辑：王　妍
装帧设计：李　荣
出　　版：吉林出版集团股份有限公司
　　　　　（长春市福祉大路 5788 号，邮政编码：130118）
发　　行：吉林出版集团译文图书经营有限公司
　　　　　（http://shop34896900.taobao.com）
电　　话：总编办 0431-81629909　营销部 0431-81629880 / 81629900
印　　刷：天津海德伟业印务有限公司
开　　本：880mm×1230mm　　1 / 32
印　　张：6
字　　数：200 千字
版　　次：2019 年 10 月第 1 版
印　　次：2019 年 10 月第 1 次印刷
书　　号：ISBN 978-7-5581-7755-2
定　　价：38.00 元

印装错误请与承印厂联系　电话：022-82638777

　　清华大学经济管理学院吴维库教授说："提升情商，使得我们能够用有限的知识去运作无限的世界，更适合当前压力过大的生存环境。有助于我们获得阳光心态，缔造和谐快乐，享受幸福人生。"

　　那什么是情商呢？情商（EQ）又叫作情绪智力，是心理学家最近几年才提出的与智力和智商相互对应的概念。人的情感、情绪、意志，以及受挫折能力等都与情商有关。有必要一提的是，我们每个人先天的情商并没有太明显的差别，拉开差距的关键主要在于后天的培养。

　　在当今社会，情商对人们的成功起着很关键性的作用，所以对于每一个人来说情商都是很重要的。拥有较高情商的人，会有很好的人际关系，而且能够承受来自各方面的心理压力，能够坦然地面对来自方方面面的竞争，从而为自己创造更多的成功机会。

人们生活在当下较为复杂的社会中，所面对的不如意之事肯定不少。面对人生中的所有不如意，情商低的人往往就会表现出悲伤、沮丧、愤怒、恐慌、退缩这些负面的情绪。诸如此类的情绪不但会严重影响人们的生活，还不利于人们的身心健康，往严重了说甚至会扭曲人们的心灵。而高情商的人面对人生中的不如意，会积极主动地去化解，他们甚至会将人生中的不如意转变为有益于自己的条件，从而使自己摆脱所遭遇的困境，走向成功。

　　同样面对人生的不如意，情商低的人和情商高的人的处理方法是如此截然不同。可见，决定一个人成败的关键因素就在于人们情商的高低。

　　高情商的人由于具备正确识别自己和他人的能力，所以他们遇事能见机行事，及时调整自己的言行，常常立于不败之地。而低情商的人由于不具备这样的能力，所以在生活中常常会四处碰壁，从而陷入人生困境。

　　高情商能让人们学会怎样审视、了解和激励自己，从而使自己不再任由消极情绪牵绊。这样一来，人们就可以坦然面对自己遭遇到的痛苦、焦虑、恐慌。而且，高情商的人在职场和私人生活中也会生活得游刃有余，轻松自如，这主要在于他们不仅能够营造良好的人际关系，还可以为自己创造出比较好的生存环境。

　　高情商的人是控制情绪的高手，不论在什么情况下都能做到头脑冷静，行为理智，能够很好地控制自己的情绪，克制住人性的急切欲望。而且他们能够及时化解和消除自己的负面情绪，使自己保持较好的心态，从而使自己拥有好心情。

而低情商的人在很多时候，很容易就会被一些不良因子触怒，因此而大动肝火，乱发脾气。而发脾气是不能解决任何问题的，只能使事情朝着不好的方向发展。

就以上内容而言，我们有必要好好培养我们的情商，毕竟情商是我们直面现实世界、实现自我价值的利器。而且我们不难发现，人生之路走得很远的人，就是那些洞悉了情商秘籍的人。这些人因具备了高情商，所以他们为自己打下了竞争的基础，使自己拥有了更多成功的机会，从而使自己攀上了成功的顶峰。

目录

第一章　DIYIZHANG

懂得积累好人缘的人，更容易成功

第二章 DIERZHANG

你的情商高度，决定你的人际交往层次

第三章 DISANZHANG

所谓情商高，就是会说话，更要会做事

第四章 DISIZHANG

经营人际关系要用心，情商比智商更重要

第五章 DIWUZHANG

话说得有水平，需要高情商

第六章　DILIUZHANG

说话有分寸，做事有尺度，才有好人缘

第七章　DIQIZHANG

跟任何人都能高效沟通，好人缘自然来

第一章

DI YI ZHANG

懂得积累好人缘的人，

更容易成功

你储存你的"人缘基金"了吗

我们在社会环境中生活，难免要和不同的人打交道，如何在与人交往的过程中，积累好的人缘，这是一个永恒的命题。

有人喜欢用"有用的"和"没用的"来划分：凡是对自己有用的人，都是要结交的人；凡是对自己没帮助的人，都不需要浪费时间和精力去打交道。这样的观点是不对的。还有人喜欢与人为善，凡事留余地，日后好相见。事实上，与人交往不可能这么简单，谁也无法预料自己会遇到怎样的问题，需要和什么样的人打交道。所以，树立正确的人际交往观，并能很好地与人打交道，是十分必要的社交生存技能。

人类社会就像万花筒，人际交往圈中也就自然而然出现不同类型的人。参考《Cheers》杂志采访到的8位业界精英的说法，我们归纳总结出以下5种类型：

1. 铁齿型

这类人通常都很有工作实力，做事有自己的一套，但喜欢特立独行，缺乏团队合作意识。

2. 软脚型

软脚型的人比较内向，不善交际，经常错失与朋友交往的机会，生活空间狭小，朋友甚少。

3. 腐烂型

属于腐烂型的人，对人际关系有急功近利的不良倾向，只知道一味地从别人身上索取，却不想自己能给别人多少。

4. 全灭型

属于全灭型的人，基本上人际交往已经亮起红灯，这类人几乎没有什么人际交往，周围人已经把他看透，因为这类人往往是用一种错误的观念经营自己的人际关系。

5. 和谐型

这类人一般善于交际，讲究分寸，处理人际交往恰到好处，有很好的人缘。

以上这些只是大致的分类。但事实证明前四种人得不到人们的认可，在这里适当提出一些建议，希望这四种人尽快找到自己的人际交往圈，尽早储备自己的"社交资源"。铁齿型的人应该注意适时地与别人分享自己的经验，多帮助别人，多与人合作，这样可能事半功倍。软脚型的人虽然不善言辞，不善周旋，但可作为倾听者来得到对方的信任，有时无声胜有声。腐烂型的人要改变对人际关系价值估量的态度，那样才会真正得到你所想要的。全灭型的人则应多多学习，多多反省自己，重新组建自己的人际关系网。

在人际交往过程中，先不要太功利性地把每个人都看成自己的资源，而是要先看看自己，有没有拓展人际交往圈的能力。下面我们来做一个小测试。

在一张空白的纸上，你会将心中的太阳画在哪个方位，你会选择以下哪个答案呢？

A. 画在纸的东方

B. 再画一座山，把太阳画在山附近

C. 纸正当中

D. 画在纸的西方

解析：

A. 你有强烈的企图心，真叫人抵挡不住你的威力。对于未来，你抱着乐观的态度，是奋勇向前、不顾一切往前冲的先锋人才，但请你不要忘记睁开你的眼睛看清前方的障碍，别一个劲儿地埋头猛冲。其实你的决断力与行动力是同行之中的佼佼者，只不过有时行事太冲动而欠深思熟虑，凡事三思而后行，才不会有太多的后悔。

B. 当你在画这幅画时，心中想的景象是旭日东升，还是日薄西山？其实会为太阳再画一座山的人，通常个性较温和且缺乏安全感，但因为个性善良，常能得到他人帮助。换言之，你身边常常有贵人出现。

C. 你是不是很自傲呢？对于社交关系，你好像不太及格，对吗？这都是由于你对事情的是非有独特的见解及敏锐的判断，从不委屈自己做你认为不合理的事，因此常给人不通情理的感觉。虽然世上像你这样拥有一身傲骨的人已经很少了，但还是要劝劝你，偶尔"随波逐流"一下也未尝不可。

D. 你是一个最佳的辅佐人才，有稳扎稳打的基础，是踏实的实力派。虽然你缺乏主导性的性格，然而你总能观察入微，善解他人心意。由于你的细心体贴，常赢得别人对你的信任，而且不论你遇到什么挫折，总能愈挫愈勇，努力克服。

不管哪一种类型的你，都是长期生活的积累，当然最重要的是通过自己后天的努力，找到自己的人际交往圈，进行自己的社交训练，从而成就更好的自己。可见想要成就完美，从提高自己的情商，拥有好人缘开始。

人作为万物之王，要想在一个包罗万象的宇宙里生存，就需要与万物保持和谐，而和谐的首要条件是人与人之间的默契。正如 19 世纪美国诗人唐恩在《钟为谁鸣》一诗中写道：

谁也不能像一座孤岛

在大海中独踞

每个人都是一块小小的泥土

终须连接成整个陆地

若有一块泥土被大海冲走

欧洲就会缺掉一隅

这宛如一座山峡

亦同你的朋友和自己！

无论是哪种类型的人，请把"人缘"存入你的人生存折吧！储存自己的"人缘基金"。

缔造好人缘，时来运转的关键

美国著名杂志《人际》2002年发刊词中有这样一段话：

"如果不信，你可以回忆以往的一些经验，就会发现原本你以为是自己独立完成的事，事实上背后都有别人的帮助。因此，在社交场合你应该尽量表露真正的自我与自己真正的才华，它们将会给你许多有用的建议。绝不可低估周围人们帮助的力量，否则将白白失去许多有利的帮助之力。"

一个人的发展道路不可能一马平川，坎坎坷坷是自然的事。如何将这些坎坷踏平？假设没有好运气，那可能要重复愚公移山的话题；可如果有好运气的爱戴，那你的人生之路则可能又是另一番风景，不能说平步青云也至少走了捷径。那这个好运气又是从哪儿来的呢？

美国影星寇克·道格拉斯年轻时落魄潦倒。包括许多知名导演在内，没有人认为他会成为明星，更没有人会想到他能有今天的成就。事情的缘由还要回到寇克·道格拉斯有一次乘火车的时候，旁边坐着一位女士，漫漫旅途，时间难以打发，于是寇克·道格拉斯便主动与身边的女士攀谈起来。没想到这次的聊天就给寇克·道格拉斯带来了好运气，从此他的人生开始改变。没过几天，寇克·道格拉斯被邀请到制片厂报到——原来，这位女士是位知名制片人。

寇克·道格拉斯因为结交了这位女制片人，才获得了一个很好的展现自己表演才能的机会，一切美梦才成真。

如果你希望自己在成功的路上一帆风顺，毫无疑问，人际关系必不可少。实际上，所谓的"走运"多半是由畅通的人际关系带来的。一个能认同你的做法、想法，欣赏你的才华的人，一定会在将来的某一天为你带来好运。

究竟谁会对你伸出援助之手？这个问题没有人能够猜得到答案。只能这么说，任何人都有可能成为对你施予援手的友人，他可能是你工作上的伙伴或上司，可能是学校里的同学，甚至有可能是一位从不曾相识的陌生人。但一般来说，人际关系的范围愈广，则开创成功未来的概率愈大。

就人际关系这方面看，好运气往往是从你意想不到的地方降临的，譬如你的顾客、同事、朋友的朋友，等等。

人生的路上，有些好运气是白给的，例如中福利彩票，但那是一种不值得提倡的博弈，它只有几十万分之一的概率或者可能更少；有些好运气是时势造就的，这需要具有超人的眼光；而有些好运气则是他人给的，这就需要你在日常生活中广施善行，广结善缘。相比之下，哪一种好运气我们更能抓得住呢？

好运气不是时时刻刻都有的，我们不能把它当作我们的守护神。在遇到麻烦时，有的人常常叹息自己的运气不好，因此许多人会用祈祷的方式来达到寄托自己精神的目的。而少数的强者却学会了征服，巧用人际关系，砸碎缠绕在脚上的"倒霉"锁链，最终获得了成功的机遇。

千里难寻是朋友，朋友多了路好走

有首歌里唱道："千里难寻是朋友，朋友多了路好走。"这句话已经被无数的经验和教训所验证。

有些人在办事不顺利的时候，经常会这样抱怨："要是我有足够多的人际关系，一定可以顺利地完成这件事。"事实一定如此吗？恐怕不尽然吧。

有些人总把自己的失败归咎为自己认识的人不够多，而没有思考当你有事情想拜托他人的时候，为什么总是得不到别人的帮助。

就像一匹好马可以带你到达你梦想的地方，一个好朋友同样可以帮你实现自己的愿望。

年轻的人寿保险推销员约翰来自蓝领家庭，他平时也没什么朋友。格林先生是一位很优秀的保险顾问，而且拥有许多非常赚钱的商业渠道。他出生在富裕家庭，他的同学和朋友都是学有专长的社会精英。约翰和格林生活在两个根本不同的世界里，如果他们的业绩有差别，那么约翰自身因素确实应该承担一定的责任：没有人际网络，也不知道该如何建立网络，如何与不同背景的人打交道，而且少有人缘。一个偶然的机会，约翰参加了开拓人际关系的课程训练。受课程启发，他开始有意识地和在保险领域颇有建树的格林联系，并且和格林建立了良好的私人关系。他通过格林认识了越来越多的人，更让他欣喜的是，他打开了事业的新局面。

生活中，我们谁都缺少不了朋友。多交一个朋友就多一条路，在你有困难的时候，往往是你的朋友帮助了你；离开了朋友，你可能会陷入无助之中。朋友，是你人生中的一笔巨大的财富，是关键时刻可以靠一下的大树。

杰克·伦敦 14 岁那年，借钱买了一条小船，开始偷捕牡蛎。可是，不久之后他就被水上巡逻队抓住，被罚去做劳工。杰克·伦敦不安于监狱的日子，终于想办法逃了出来，从此便走上了流浪水手的道路。

两年以后，杰克·伦敦随着姐夫一起来到阿拉斯加，加入到淘金者的队伍。在淘金者中，他结识了不少朋友。他这些朋友中做什么的都有，不过大多数是美国的劳苦大众，虽然生活困苦，但是在他们的言行举止中充满了生命的活力与和谐的气氛。

杰克·伦敦的朋友中有一位叫坎里南的中年人，他来自芝加哥，他的辛酸历史可以写成一部厚厚的书。杰克·伦敦听他的故事经常潸然泪下，这促发了杰克·伦敦创作的灵感，他给自己定下了目标——写作，写淘金者的生活。

在坎里南的帮助下，杰克·伦敦边赚钱边看书学习。1899年，23岁的杰克·伦敦写出了处女作《给猎人》，接着又出版了小说集《狼之子》。这些作品都是以淘金工人的辛酸生活为主题的，因此赢得了广大中下层人士的喜爱。杰克·伦敦渐渐走上了成功的道路，随着他著作的畅销，也带来了丰厚的财富。

最初，杰克·伦敦并没有忘记与他共患难、同甘苦的淘金工人们，正是他们的故事给了他灵感与素材。他经常去看望他的穷朋友们，一起聊天，一起喝酒。

后来，杰克·伦敦的钱越来越多，他对钱也越来越看重，甚至公开声明他是为了钱才写作的。他开始过起豪华奢侈的生活，大肆地挥霍。那些穷朋友早被他抛到了九霄云外，什么有难同当、有福共享在他看来全是空话、套话。

有一次，坎里南来芝加哥看望杰克·伦敦，可杰克·伦敦大部分时间忙于应酬各式各样的聚会、酒宴，修建他的别墅，对坎里南不理不睬。坎里南头也不回地走了。

渐渐地，杰克·伦敦的淘金朋友们也永远地从他的身边离开了。

杰克·伦敦离开了朋友，离开了写作的源泉，也就没有了财富的源泉。他创作的思维逐渐枯竭，再也写不出一部像样的著作了。于是1916年11月22日，处于精神和金钱危机中的杰克·伦敦在自己的寓所里用一把左轮手枪结束了自己的生命。

成功与死亡只是一念之差，而其中的关键——朋友，起了很大的作用。正是由于杰克·伦敦开始对朋友的珍惜，对朋友的看重，才开辟了他创作的成功之路；可是在金钱与朋友之间，他迷失了方向，抛弃了曾经和他一起共患难的朋友，选择了一条通向死亡的道路。

朋友多了路是好走了，可是忘恩负义的事我们莫做，既伤人又伤己。珍惜你身边的每位朋友吧，说不定某位朋友已经为你在打造通向成功的路了。

多交朋友，关键时刻有人帮

"天有不测风云"，谁能肯定自己的人生之路就一定畅通无阻，谁能防患未然？恐怕这个答案就连神仙也难以肯定地回答。

俗话说："在家靠父母，出外靠朋友。"每个人生活在社会上，都离不开朋友，离不开朋友的帮助，身边的朋友也会越来越多。其实，我们交朋友，当你付诸真心的时候，就已经奠定了一份感情的基础。这份感情也是一种保障，它像一个救生圈，让你自由大胆地在社交的水面上尽情游泳，享受海水的乐趣。这时候，你的朋友就是你坚强的后盾。现在有些人生活、工作两点一线，没有过多的时间和朋友联络，日子一长，许多原本牢靠的关系就会变得松懈，朋友之间逐渐淡漠，友谊也慢慢褪了色。这真是得不偿失啊！友谊、朋友绝不能和金钱相提并论的，它和时间一样一去不复返，这种缘分大家一定要珍惜，因为它真的难能可贵，就算工作再忙，生活再累，也别忘了常联络朋友，沟通沟通感情，交流交流思想。

你有没有这样的经历：当你遇到了困难，你认为某人可以帮你解决，你本想马上向他发出求救信号，但后来想一想，过去有许多时候本来应该去看他的，结果都没有去，现在有求于人就去找他，会不会冒昧了？甚至担心因为太唐突而遭到他的拒绝或者给自己脸色看？

平时就自己和自己相处，遇到困难，甚至在你生命遇到危险的时候，就算你是七十二变的孙悟空，你一个人也没办法真正解救自己。

尽管现实生活中的人际关系要复杂许多，但人生中的幸运与厄运，很多时候也是与人际关系息息相关的。

有的人很懂得怎么去经营人际关系，怎么去帮助别人，这是好事，可是不能把你对别人的帮助当作"口头禅"，总是挂在嘴边，让别人听了总以为是他亏欠你的。其实，朋友之间是没有欠与不欠的，只有帮忙之说，所以帮完忙后不要急着要回报。对于知恩图报的朋友，如果不给他机会，他会觉得欠你的人情，有可能还会因此而失去一份真挚的友谊；对于那些本身就认为帮忙属应当的人也不必去提什么回报，你提了反而会使自己被别人误以为是"小人"，帮忙是有目的的，闹不好还会被扣上一顶"目光短浅"的帽子。

帮忙归帮忙，也要注意量力而行，不要打肿脸充胖子，为了某些面子而应承下来，有时不但帮不了忙，还会越帮越乱，最后落得个埋怨。对于力所能及的帮忙当然义不容辞，可对于自己不敢保证的事是没有必要再承担这个责任的。经营人际关系，要有策略，你可以帮对方介绍他人，但自己真的做不到时，要勇敢地拒绝。

俗话说"患难见真情"，这话说得一点儿不夸张。

两个登山爱好者贺兵兵和田力暑假里决定一起徒步旅游，同时也可以增进彼此间的友谊。当贺兵兵和田力终于登上了山顶，兴奋地站在山顶四处眺望时，一幅美丽绝伦的画面映入眼帘：蓝天、白云、耸入云海的楼群、随风起舞的绿色精灵，这种诗情画意的感觉是在城市里终年都感受不到的。对于终日忙碌的他俩，这真是一次难得的旅游和享受。两个人手舞足蹈，高兴得像小孩子。

悲剧正是从这个时候开始的。田力不小心一脚踩空，高大的身躯打了个趔趄，随即向山谷滑去，周围是陡峭的山石，没有手可以抓的地方。短短一瞬，贺兵兵就明白发生了什么事情。他下意识地一口咬住了田力的上衣，但同时他也被惯性快速地带向岩边。仓促之间，贺兵兵抱住了一棵树。

田力悬在空中，贺兵兵紧咬牙关，他们艰难地定格在蓝天白云大山悬崖之间。

一个小时以后，过往的游客救了他们，由于贺兵兵长时间咬着牙，牙齿和嘴唇早被鲜血染得通红。事后，有人问贺兵兵怎么会只用牙齿就能咬住一个人而且能坚持那么长时间，贺兵兵回答道："当时，我脑子里只有一个念头，我一松口，田力肯定会死。"

在那种危急关头，什么样的可能都会发生，说不定田力就把贺兵兵拽下去了，而且这种可能极有机会发生。可为什么只用牙齿就能救了他人的性命呢？深究其因，用最通俗的一句话说："他们关系太好了！"难道不是吗？

所以说，经营好人际关系，就给自己的生命多了层保障，多了份保险，多了个护身符。

交际圈，施展你人格魅力的平台

"心有多大，舞台就有多大"，而在今天我们不得不承认"朋友有多少，你的舞台就有多大"。你能力的支持、魅力的展现，有时难以凭借自己一个人的力量去好好地实现，而如果你广植善缘，说不定到处都会遇到创造发展的机遇，有成功的捷径。

当很多年轻的女孩子刚刚走出大学准备进入职场的时候，朱艳艳已经是兰生大酒店的公关部经理了。她可谓是中国改革开放以后第一批在本土成长起来的公关人才，但当时的她并不了解自己的真正职责。她每天都是在忙碌中度过的，"比如说我们要把中国文化介绍给外国客人，圣诞节的时候举办餐会，举办各种新闻发布会"，工作的跨度很大，从举办各类宴会到媒体联络，从企业关系维护到政府关系。但是几年风风雨雨的历练使朱艳艳对当初自己的角色、今后的目标不再懵懂。她变得成熟了，变得自信了，变得善于交际了，也拥有自己的关系网。

朱艳艳有很多记者和编辑朋友，娱乐、经济、体育等领域都有。办宴会、展会，她可以安排从主持人、明星到诸如食物选择之类的所有流程，还有政府部门上上下下的工作人员，朱艳艳也都混了个脸熟。人生中的第一份工作，为朱艳艳打开了一扇通向成功的门，也为她积累了第一桶"金"——交际圈的无形资产。

不过真正让她体会到人际关系的价值，还是一件小事。

"当时有一个朋友在策划一个记者招待会，发布新闻，但是他自己和媒体不熟悉，就找我帮忙联系相关的记者。"朱艳艳说，这是她第一次强烈地感受到市场对于公关服务的需求，有需求就有市场，这令她萌发了创业的念头。

公司逐渐步入正轨之后，被朱艳艳称为"转折点"的客户是美国的"家用电器巨头"惠而浦。外国公司对公共关系是非常重视的，而且也有请公关公司服务的习惯。当时惠而浦进入中国市场没几年，几乎是一年换一家公关公司，但一直没有找到一家满意的公司。1997年底，眼看着上一家公关公司的合约即将到期，朱艳艳的一位在惠而浦工作的朋友向老板引见了她。

对这次早已期待的见面，朱艳艳做了充分的准备。短短的十几分钟内，她妙语连珠般的讲述恰到好处地解释了公司能为惠而浦提供的服务。老板随即拍板，就用她的公司了。

之后就一发不可收拾了。联合利华旗下的诸多品牌，比如力士、多芬、奥妙，还有其他世界500强公司，像三菱电机、通用电气等，都成为朱艳艳的客户。而且最令她骄傲的是，这些客户的"忠诚度"极高，至少到现在还没有放弃和她的合作。而随着经验的丰富，他们的业务也从原来简单的媒体联系，发展到策划活动、公共事务、社区关系、危机公关、全球新闻发言人，等等。

卡耐基训练大中华区负责人黑幼龙时曾经说："完整的人际关系包含三个阶段：发掘新的朋友、经营交情、出现贵人。"其实说起来，等待"出现贵人"的阶段，除了人际关系处理的艺术外，更重要的还是内涵。如果朱艳艳不是一个值得帮助的人，想来那些曾经帮助她的人也不会提供这样的机会。

无论做什么都是向别人传递信息的机会，一个懂得把握机会，同时又能善于经营人际关系的人，最后才能依靠人际关系开创事业的舞台。

第二章
DI ER ZHANG

你的情商高度，
决定你的人际交往层次

好的开场白，好的后续

人心是很微妙的，同样是与人交谈，但有的人说话的方式会令对方厌烦，而有的人说话的方式却会令对方不由自主地产生想要亲近之感。卡耐基因此告诉人们，若想把自己表现得更好，形成圆满的人际关系，就应善加利用这种"卷入效果"——常用"我们"一词。

用"我们"将是一个最好的开场白，把对方无形之中拉进了自己的圈子，就算对方想走也得找个合适的理由。用"我们"不仅缩短了彼此间的距离，还促进了彼此间友好的关系，要对对方动之以情，主动地先去了解对方的苦恼与欲求。这种了解作用，心理学上称为"共感"，或称"感情移入"。要记住的是，你必须先对对方表示"共感"，对方才会对你表示"共感"。所以，首先你必须运用心理谋略，做出"共感"的姿态，这种姿态一旦熟悉了，也就会真正产生出彼此的"共感"来。

好的开场白，除了距离的问题外，也必须投其所好，从兴趣下手。

凡是拜访过美国前总统西奥多·罗斯福的人，无不对他广博的知识感到惊讶。无论是一个牧童、猎人、纽约政客，还是一位外交家，罗斯福都知道该同他谈些什么。那么罗斯福是如何做到这一点的？

其实答案很简单。无论什么时候，罗斯福每接见一位来访者，他就会在这之前的一个晚上阅读这个客人所特别感兴趣的材料，以便见面时找到令人感兴趣的话题。

这就是与人沟通的诀窍，即谈论他人最高兴的事情，因为兴趣是具有感染性的。

兴趣，在人际交往中是一把无形的利剑，可以斩断任何难缠的荆棘。

有时候一般的交谈是由"闲谈"开始的，说些看来好像没有什么意义的话，其实就是先使大家轻松一点儿，熟悉一些，营造自由交谈的气氛。

当交谈开始的时候，我们不妨先谈谈天气，而天气几乎是中外人士最常用的普遍的话题。天气很好，不妨同声赞美；天气太热，也不妨交换一下彼此的苦恼；如果有什么台风、泥石流或是季节流行病的消息，更值得谈谈，因为那是人人都希望了解的。

如果你到了一个朋友家里，在客厅里看到他孩子的照片，你就可以和他谈谈他的孩子；如果他买了一台新的电脑，你就可以和他谈谈电脑；如果他的窗台上摆着一个盆景，你就可以跟他谈谈盆景；如果他正胃痛，你就可以跟他谈谈胃和胃药，关心对方的健康往往是亲切交谈的极佳话题。

不言而喻，尽管每个人了解了对方的兴趣，找好了谈话的素材，但不一定就意味着会有一个好的开场白，所以每个人都希望自己具有从容自如的谈话信心，希望自己能展示超凡脱俗的说话魅力。但是，我们须知，说话的信心和魅力如何，与说话的水准和技巧是休戚相关的。敢于说话而不善于说话，不行；善于说话而不敢说话，更不行。只有既敢于说话又善于说话，才能如虎添翼，锦上添花，会有很好的交际效果。

由此可见，一个人的谈吐可以充分体现其魅力、才华及修养。除了敢于说话又善于说话外，还得注意自己说话时的一些技巧。首先，谈话前须经过思考，信口开河、文不对题会给人一种不认真和啰唆的感觉。其次，要学会倾听。交谈中要细心观察和分析对方的兴趣和个性，注意耐心地倾听。随便插话、东张西望、心不在焉，既不礼貌，也会令对方产生反感。再次，注意表达的艺术。节奏不要太快，语调应抑扬顿挫，有跌宕的音乐美感。摇头晃脑、指手画脚等不大方的动作应尽量避免。另外，用词要注意文明。还有，要保持真诚、热情、大方的交谈态度，虚情假意、言不由衷，或傲慢自居、口是心非，或躲躲闪闪、转弯抹角，或冒昧发问、多嘴多舌等都会破坏交往的形象和谈话的气氛。

友好的态度有如磁石，吸引着他人；不友好的态度有如恶臭，使别人掩鼻躲避。

我们结交新朋友时，应该态度友善地与人谈话，仔细聆听，正视对方，即使我们可能并不赞同对方所说的话，也不要急于打断，更不要咄咄逼人地追问问题。

我们每天、每时、每刻都可能会出现在一些不同的场合，而在各种场合我们都需要说上几句合适的话。如果这几句话说得恰到好处，那就能帮我们很大的忙，对我们的工作、生活都大有益处。

总之，我们每个人应该增加自己说话的信心，提高自己说话的魅力，轻松愉快地与人交谈，结交朋友。这样可以尽量避免在工作、生活上遇到很多麻烦，促进事业的成功，使自己的生活变得更好。

如何增加说话的信心，提高说话的魅力呢？

1. 累积交谈的话题

无论你多么善于及时发现适合交谈的话题，毕竟也需要对谈话的话题有所积累，否则"巧妇也难为无米之炊"。

做一个现代的有文化、有素养的人，至少每天应当阅读一份报纸，每月应该阅读两三种杂志；从广播里，你也可以收取一些有趣的信息。你还可以去听演讲，去参观展览会，看戏、看电影，听音乐家的演奏，参加当地社会的各种活动，对于当前发生的许多重要的事件，给予密切的关注。

倘若把你所想到的一切与你个人的生活经验相结合，那么，你交谈的内容就更丰富生动了。每个人的生活里都有许多可以打动别人的事情，倘若其中有些事情正和大家谈的话题有关，把它拿出来作为谈资，这时，交谈的内容就因为加入了个人的亲身经历而使人觉得更亲切。

2. 用寒暄语扣住对方的心弦

一般而言，寒暄被认为是种单纯的礼仪，但如果其中能加些了解对方所处立场的话题时，那么寒暄就不只是打招呼，而是一种感情的投入。

现代社会，由于生活的快节奏，人们的时间变得越来越宝贵，寒暄就显得尤为重要。寒暄可以用夸奖的方式，招呼、点头的方式，询问的方式，等等。不论哪种方式，都应运用得恰到好处。

要想你的语言吸引人，那么从一开始就应该抓住开场白。

有很多人不太善于抓住谈话的开端，认为与初见面的人谈话是一件苦差事，因而总是不太喜欢先开口。那么，这些人为何不敢去抓住谈话的开端呢？

一言以蔽之，就是他们的内心有一种错误的想法，认为要交谈，就必须使这场谈话完美无瑕，否则不如不谈的好。换句话说，他们的心里始终想着：如果讲一些无关紧要的话，可能会遭到对方的讽刺；如果讲一些不痛不痒的话，那么对方可能会感到索然无味……就是因为心存这种犹豫念头，所以他们才不敢轻易地开口。

其实，要想交谈能够开花结果，首先必须把内心的疙瘩除去，不必太过于担心对方的心意和期待，想到哪儿，就说到哪儿，如此就打开话匣子了。事实上，不管是多么能言善道的人，并不见得从头到尾都能够妙语生花，说出一些动人心魄的言辞。

或许在神经放松之后，才有一些感动人的言辞出现呢！

幽默，是人际交往的"灵丹妙药"

幽默大师林语堂曾说："达观的人生观，率直无伪的态度，加上炉火纯青的技巧，再以轻松愉快的方式表达出你的意见，这便是幽默。"

幽默的力量体现在它可以润滑人际关系，消除郁闷，减弱人生压力，提高生活格调。它可以使我们和他人相处时不至于压抑；它可以化解冰霜，使我们获得益友；它还可以使我们精神振奋，信心陡增，使我们脱离许多不愉快的境界。

我们可以凭着幽默的力量，以表现谦虚、关注他人来成就伟大。

有一位年轻人刚刚当上了董事长。上任第一天，他召集公司职员开会。他自我介绍说："我是杨皓，是你们的董事长，"然后打趣道，"我生来就是个领导人物，因为我是公司前董事长的儿子。"参加会议的人都笑了，他自己也笑了起来。他以幽默来证明他能以平等的态度来看待自己的地位，并对之具有充满人情味的理解。实际上他委婉地表示了："正因为如此，我更要跟你们一起同甘共苦，让你们改变对我的看法。"

不过，一个幽默感十足的人，他最大的魅力并不止于谈吐风趣、会说话而已，他还能在紧急关头发挥才能，以一种了解、体谅的态度来待人处事，化解僵局。

美国马萨诸塞州议会某议员，因劝告一位正在发表冗长而乏味演讲的议员先生结束演讲，而被对方斥责"滚开"。他气冲冲地向议长申诉，议长说："我已查过法典了，你的确可以不必滚开！"

幽默的魅力不仅体现在语言上，在现代人际交往中，幽默感越来越重要，甚至被誉为"没有国籍的亲善大使"。无论你从事什么职业，幽默可以使你在社交场合建立起和谐的人际关系，让你成为一个能克服困难的、乐观的、能得到别人喜欢和信任的、在交际场中游刃有余的人。

人人都喜欢和机智风趣、谈吐幽默的人交往，而不愿和动辄与人争吵的人，或沉默寡言、言语乏味的人来往。幽默，像一块具有强磁场的磁石吸引着大家；像一种调和剂，使烦恼变为欢畅，使痛苦变成愉快，将尴尬转为融洽。

人际交往中，磕磕碰碰总是经常的事，遇到许多棘手的问题或尴尬的局面，恰当地运用幽默，能产生出乎意料的效果。

幽默还可以让人放松心情，拉近彼此的距离。发生争执的时候，适时的笑话又可以化干戈为玉帛。

有时我们确实需要以有趣并有效的方式来表达自己的感情，为他人送去某种关怀、情感和温暖。

尽管幽默魅力无穷，但也有不少人的观念中存在这样一个误区：幽默是对外的，是社交场合不可缺少的因素，至于亲人，特别在家里，一本正经就够了。其实，现代家庭就是一个小社会的缩影，自己人之间也需要包括幽默在内的各种调和剂，不然家庭的活力就会消失。

夫妻无疑是家庭的核心，夫妻和谐是家庭幸福美满的基础。不能把相濡以沫或恩恩爱爱当作夫妻关系的唯一表达方式。父母与子女之间也不仅仅是板着面孔的严肃与恭敬孝顺的对应。幽默与相敬如宾并不绝对矛盾，情意绵绵中的幽默更是不可缺少，至于缓解别扭、消除矛盾，更是幽默的神奇功能。适当的幽默，会使家庭氛围更好，让你的家中充满欢声笑语。

正如劳伦斯所说："世俗生活最有价值的就是幽默感。作为世俗生活的一部分，爱情生活也需要幽默感。过分的激情或过度的严肃都是错误的，两者都不能持久。"

对于一对恋人来说，双方之间的默契和幽默具有一种特殊的功效：它使双方在片刻之中发现许多共同的美妙事物——从前的、现在的、将来的，从而使时间和空间暂时原封不动，只留下美好的回忆。

可以这么说，如果爱没有幽默和笑，那么爱有什么意义呢？

甚至有人说，幽默是爱的源泉。

幽默有时是文雅的，有时是含有暗示用意的，切忌在人际交往中开低级趣味的玩笑，以此为幽默，低级趣味的玩笑形如嘲讽。有时一句普通的讥讽会导致反目成仇，所以在社交场合中，幽默应该显示人的高尚、高雅才好。

在社交场上，幽默应恰如其分，因地因时制宜。比如大家正聚精会神地在讨论研究一个具体问题，你突然插进了一句全无关系的笑话，不但不能令人发笑，反而使人觉得讨厌。

怎样才能保证自己能"幽默常在"呢？请你在日常的生活中多做幽默"深呼吸"。

1. 心中充满幽默思想

对生活丧失了信心的人不可能再运用幽默的资本，整天垂头丧气的人也无法品尝幽默的妙用。因此，能够幽默的人首先应该对生活充满期望和热爱，自信地对己对人，即使身处逆境也应该积极向上地努力。

要使自己变得幽默，首先要有乐观的思想，乐观不仅可以带给自己幽默，还可以让别人幽默起来。怎样才能保有"乐观"呢？秘诀之一是自娱自乐。这一点每个人都会，但最好不要敷衍了事。心情忧郁时，找点儿自己愿意做的事，使情绪转向欢乐的方向。

2. 收集资料

幽默是可以学习的，因此为了开发自己的幽默资源，就必须先进行资源共享。多读些民间笑话、搞笑小说，多看一些喜剧，多听几段相声，随时随地收集幽默笑话。你可以将幽默、有趣的文章剪贴，并加以分类整理。

周围世界中充满了幽默，你得睁大眼睛、竖起耳朵，去发现，去倾听，去收集。有两则很幽默的广告标语："欢迎顾客踩在我们身上！"这是瓷砖和地板商店门口的广告。另一则是花店门口的广告："先生！送几朵鲜花给你所爱的女人吧，但同时别忘了你太太。"

幽默来源于两个世界，一个是你真诚的内心世界，一个是生活中无处不在的客观世界。当你用智慧把两个世界统一起来，并有足够的技巧和用创造性的新意去表现你的幽默力量，你就会发现自己置身于趣味的世界中，人际关系由此顺畅起来，成功也就指日可待了。

时刻敬人三分，所得必是人敬三分

每个人都希望自己得到别人的尊重，获得别人的肯定，但要做到这一点却并不容易。人与人之间的交往在于"互酬"——如果你要别人尊重你，你就要先尊重别人。

英国谚语云："善始者方有善终。"第一印象的重要性不言而喻。你与他人打招呼的方式、介绍别人或自我介绍的方式很可能决定着以后整个交往的顺利与否。倘若你留给他人的第一印象不佳，那么你可能需要花费很大的力气才能弥补缺陷，重新塑造自己的形象。

敬语和谦语的适当运用，让人觉得你彬彬有礼，很有修养。它可以使互不相识的人乐于相交，熟人更加增进友谊；请求别人时，可以使人乐于给予帮助；发生矛盾时，可以相互谅解，避免争吵；

洽谈业务时，使人乐于合作；在批评别人时，可以使对方诚恳接受。

你可以尝试一下，把尊重放在天平上，使别人觉得自己重要，如同你以为自己重要一样，这样你得到的也会很多。

尊重人，就是要把别人作为重要人物对待，而不能轻视对方。只有尊重别人，别人才会尊重你。

"种瓜得瓜，种豆得豆"，这条谚语所蕴含的哲理运用到社会交往中很是恰如其分。你尊重了你的观众，那你得到的就是观众送给你的掌声和拥护。

你尊重别人，别人也会尊重你；你喜欢别人，别人也会喜欢你。让别人喜欢你，实际上，这就是你喜欢别人的另一个侧面。美国著名学者威尔·罗杰斯曾经说过一句很有名的话："我从没遇到一个我不喜欢的人。"这句话或许有一点儿夸张，但我相信，对威尔·罗杰斯来说确实如此。这是他对他人的感觉，正因为这样，他人也都对他敞开心怀。

当然，有时也会因为彼此想法不同，使得你要喜欢某个人格外困难，这是很自然的事。有的人生性就比别人更招人喜爱。但是，我们知道，每个人确实都有他值得尊重，甚至可爱的秉性。

在人际交往中尊重别人的人格是赢得别人喜爱的一个重要条件。人格，对每个人来说，都是最宝贵的。对每个人来说，他都有这样一个愿望：希望自己的自尊心得到满足，希望自己被认可、被尊重、被赏识。如果你不尊重他的人格，使他的自尊心受到了伤害，当时他或许会一笑了之，可你却严重地打击了他。事实上，如果你表示出了对他的不尊重，即使他当时对你还是很友善，但是，如果他不是一个精神境界极高的人，他以后是不会很喜欢你的。这样，你就"赢得了战场，而输掉了战争"。

相反，如果你满足了他的自尊心，使他有一种自身价值得到实现的优越感，这表明你很尊重他的人格，你帮助他获得了自我实现。他因此会为你所做的一切表示友好，对你有一种感激之情，他便会喜欢你。

一些高明的政治家是精于此道的。为了笼络人心，赢得别人的拥护和支持，他们绝不轻易伤害别人的自尊和感情。一位评论华盛顿政治舞台的专家指出："许多政客都能做到面带微笑和尊重别人，有位总统则不止如此。无论别人的想法如何，他都会表示同意。他会盘算别人的心思，并且能掌握这些心思的动向。"

不要贬低别人的人格，不要刺伤别人的自尊心，因为只有尊重别人，别人才会喜欢你。你满足别人的精神需求，别人才会满足你的精神需求。

尊重自己的朋友，就意味着尊重你自己，也会获得朋友的尊重。每个人都有自己的忌讳，或明或暗，此时，你应当细心些，仔细品味就能够发觉需要注意的。

尊重别人不是要耍嘴皮子就可以了，必须付诸行动。你可以按照下面几点去做：

1. 不要总是自命清高，容不下别人的批评和建议

对于别人的批评和建议，你要虚心接受，即使有不对的地

方，最好也不要当面反驳。不要什么事都认为自己正确，你应该学会站在别人的立场考虑问题，这样就会改变你固执的做法。

2. 对你周围的人要宽容

别人一不小心得罪了你，并再三向你道歉，你却仍然得理不饶人，结果只会导致你们之间的关系越来越疏远，最终失去一个朋友或能做你朋友的人。

3. 不要在别人面前装出一副冷漠的神情

你冷漠地对待别人，别人会以为你瞧不起他。如果你周围的人诚恳地向你征求意见或诉说苦闷，你却显出一副心不在焉、不感兴趣的样子，即使你心里并没有不尊重对方的意思，可你的行为已经伤了对方的心。

4. 不要贬低别人的工作能力

当你周围的人在某一方面做出成就时，你应该给予适当的赞扬，而不是对其成就进行有意无意地贬低。即使你周围的人工作能力不强，你也不要贬低他人，否则不但会使你们的交往不成功，还会激起更深的矛盾，甚至反目成仇。

赞美，天下最美的语言

根据调查显示，良好的人际关系是事业成功的要素。成功学家卡耐基告诉我们，与人相处的最大诀窍是给予真诚的赞美。可以说，赞美别人加上你聪明的脑袋和实干的精神，你的事业离成功就不远了。

赞美别人是一种有效的情感投资，而且投入少、回报大，是一种非常符合经济原则的行为方式。对领导的赞美，让领导更加赏识与重用你；对同事的赞美，能够联络感情，使彼此愉快地合作；对下属的赞美，能赢得下属的忠诚，换得他们的工作热情和创造精神；对商业伙伴的赞美，能赢得更多的合作机会，获得更多的利益；对妻子或丈夫的赞美，使夫妻感情更加甜蜜；对朋友的赞美，则能赢得友谊。

吉斯菲尔告诉我们："几乎所有女人，都是很质朴的，但对仪容妩媚，她们是至深偏爱、孜孜以求的。这是她们最大的虚荣，并且常常希望别人赞美这一点。但是对那些有沉鱼落雁之容、闭月羞花之貌的倾国倾城的绝代佳人，那就要避免对她容貌的过分赞誉，因为她对于这一点已有绝对的自信。如果，你转而去称赞她的智慧、仁慈，如果她的智力恰巧不及他人，那么你的称赞，一定会令她芳心大悦、春风满面。"

林肯自己也说："一滴甜蜜糖比一斤苦汁能捕获到更多的苍蝇。"

人不分男女，无论贵贱，都喜欢听合其心意的赞美。同时，这种赞美能给他们带来自信的感觉。这的确是感化人的有效的策略。

人们对赞美是极乐意接受的，对背后的言语是敏感的。再自信的人也在乎别人的评价和看法，人人都希望自身的价值能得到客观的赞同。

卡耐基提醒我们，说句赞美的话轻而易举，只要几秒钟，便能满足人们内心的强烈需求，注意观察我们所遇见的每个人，寻觅他们值得赞美的地方，然后加以赞美吧！

赞美的话都应该说出来，让对方知道你的心意，如果你以为埋在心里就行了，那就大错特错了。

有对夫妻，先生每天早晨有边吃早餐边看报的习惯。有一天，当他又起食物往口中放的时候，觉得和往常不同，赶紧吐出来，拿开手中正看着的报纸仔细一瞧，自己吃的竟然是一段菜梗！他立刻把妻子喊过来。妻子说："哦，原来你也知道煎鸡蛋与菜梗不同啊！我为你做了20年的煎鸡蛋，从不曾听你吭过一声，我还以为你食不知味，吃菜梗也一样呢。"

没有表达出来的赞美，是没有人知道的，还易引起误会。

真诚的赞美很容易打动对方的心，但有时候直接地赞美却有可能引起对方警觉，令其存有戒心，觉得你是因为有所企图才这样说。所以，借他人之口进行赞美也是一种很好的方法。例如说："别人都说你……故我今天特来请教。"意思就是不是你一个人的评价，而是大家的评价，无形之中扩大了被赞美者的声誉，效果更佳。

那么，如何真诚地、恰到好处地去赞美别人呢？

1. 出自真诚，源自真心实意

古语说："精诚所至，金石为开。"只有真诚的赞美，才能使别人感到你是在发现他的优点，而不是以一种功利性手段去接近他。

2. 从小处着眼，无"微"不至

常言说："勿以善小而不为，勿以恶小而为之。"赞美别人时，"勿以善小而不赞"，千万不要吝啬你的赞美，哪怕只是一件小事。

一位商场的警卫在巡逻时发现库房门口的灭火器坏了，马上报告给经理，经理派了有关负责人换上了新的。几个月过去了，谁也没把这事放在心上。有一天，库房突然失火，幸亏被及时扑灭了。事后，经理想到了那位细心的警卫，如果不是他发现灭火器已坏并及时进行换新，公司库房就有可能遭受损失。于是，经理在事后的表彰大会上表扬了这位警卫，并代表公司向其致谢，号召其他职工向他学习。事隔数月，经理居然还能记得警卫曾经的报告，这着实让警卫心里感到暖和，以后警卫在工作中更加尽心尽职了。

3. 知己知彼，伺机赞美

赞美别人之前，应该对被赞美者的基本情况有所了解，比如对方的优点和长处，他的缺点、弱点，还要熟悉对方的爱好、志趣、品格等，这样才能避免泛泛而谈或者无话可说。知己知彼，方能百战不殆。

要赞美对方引以为自豪的事情。对于一位老师，最希望别人称赞他教过的学生很优秀；对于一位默默无闻的母亲，可以称赞她很有出息的孩子；对于一位老人，可以赞扬他一生事业的成功之处。

4. 赞美要及时

不能等人家走了，才发挥你天才般的口才，那样你是在对空气说话，已经无济于事了。

5. 赞美要公平、公正

不能把对别人的赞美夸大，要实事求是，以事实为依据，进行客观公正的评价。

6. 赞美切忌空洞

赞美绝不能空穴来风，无中生有，必须有实际的东西。

7. 赞美要得体

赞美还要注意配合对方的身份、地位、职业等，使别人乐于接受，令人听起来不是在溜须拍马。

要一点含蓄，要一点谦逊

在卡耐基看来，真正的谦逊，是人类一种最好的德行。因为谦逊的人懂得，在这广大的世间、复杂的社会里，个人的能力和头脑实在太渺小太简单，不足以解决一切问题，他只能尽自己的能力努力地去做他职责以内的工作，用他的智慧勇敢地去研究他所不能解决的问题。偶有所得、偶有成就，他绝不夸张，因为他知道他的所得和成就，和过去别人的所得和成就比较起来太微不足道。这样积极、谦逊的人，才是最高尚、最可钦佩的人。

越是含蓄谦逊的人，别人就容易接受他，因为同这样的人交往很是轻松自如。总听人家说起，有的人"很难同他打交道""他很难接近"。这往往是一个在交往中难以克服的障碍。一个平易近人的人很好相处，而且言谈举止都很自然。他会营造一种舒适、愉快、友好的氛围。

谦虚谨慎应是每个人必备的品德，具有这种品德的人，在待人接物时能温和有礼、平易近人、尊重他人，善于倾听他人的意见和批评，能虚心求教、取长补短。对待自己有自知之明，在成绩面前不居功自傲；在缺点和错误面前不执迷不悟，能主动采取措施及时改正。

不论你从事何种职业，担任什么职务，只有谦虚谨慎，保持不断进取的精神，才能增长更多的知识和才干。

谦虚谨慎的品德能够帮助你看到自己的不足，永不自满，不断前进；可以使人冷静地倾听他人的意见和批评，谨慎从事。如果一味地骄傲自大、故步自封、主观武断，轻则使工作受到损失，重则使事业毁于一旦。

孔子说："三人行，必有我师焉。"你遇到的每一个人，都可能比你高明。爱默生也说过："我遇到的每一个人都在某方面超过了我。我努力在这方面向他学习。"

但不幸有这样一些人，他们没有充足的根据就认为自己是杰出的人，还为此自吹自擂。莎士比亚说得好："人，高傲的人！只要得到一丁点权力，就要玩弄阴谋诡计，甚至可以迫使天使哭泣。"

欧洲有一著名格言："愈是喜欢受人夸奖的人，愈是没有本领的人。"反之，我们也可以说："愈是有本领的人，愈是要表现得谦逊。"在与人相处时，要懂得谦虚，若一味自吹自擂，只会招人白眼、惹人生气，这又何苦呢?

美国南北战争时，北方的格兰特将军和南方的李将军率部交锋。经过一番空前激烈的血战后，南方一败涂地，溃不成军，李将军还被送到爱浦麦特城去受审，签订降约。格兰特将军立了大功后，是否就骄奢放肆、目中无人起来了呢? 没有! 他是一个胸襟开阔、头脑清醒的人，他没有做出这种丧失理智的行为。

他很谦恭地说:"李将军是一位值得我们敬佩的人物。他虽然战败被擒，但态度仍旧镇定异常。像我这种矮个子，和他那六尺高的身材比较起来，真是相形见绌，他仍是穿着全新的、完整的军服，腰间佩着政府奖赐他的名贵宝剑;而我却只穿了一套普通士兵穿的服装，只是衣服上比士兵多了一条代表中将军衔的条纹罢了。"

含蓄谦逊，是一种巧妙和艺术的沟通方式。在生活中，当我们想表达一种内心强烈愿望，但又觉得难以开口时，不妨借助于"含蓄谦逊"。含蓄谦逊是一种情趣，一种修养，一种韵味。缺少情趣、缺乏修养、没有味道的人，难有含蓄谦逊。

含蓄谦逊是一种魅力。无论在时装设计上，在戏剧故事里，还是在随意交谈中，含蓄谦逊都大有讲究。在某种意义上说，没有含蓄谦逊，就没有美好。

含蓄谦逊能够避免尴尬。巧妙运用含蓄谦逊，好像什么都没说，实际上什么都说了。"不要让我把什么都说出来。"艺术家如是说。在艺术中，音乐的语言差不多是最含蓄的了。即使是最明快的音乐语言，其实也还是含蓄的。

主动，便赢得了成功的一半

　　人类社会中，人的所有活动、交易、成就，都要从人与人的接触中产生。别人供给你所需，也肯定你的贡献。所以，你认识的人愈多，人际关系愈好，就愈容易成功！

　　现实就注定了你必须主动去营造你的人际关系网，主动出击也就意味着成功了一半，而选择放弃，本来应该属于你的东西也就随之而去了。

　　有些事情是个人无法选择的。比如，你无法选择自己的父母，无法选择自己的亲戚，也无法选择自己出生的时间和空间，等等。但是，一个人在长大成人，尤其是经济独立之后，你可以自由选择营造你的人际关系网，结交什么样的朋友，构成什么样的人际关系网络。这是我们最大的自由。

　　实际上，许多人都囿于个人生活与工作的狭小范围与具体环境，除了自家人和亲戚关系，还有那么几个同学、同事、朋友和熟人，都是"顺其自然"、被动形成的人际关系网。很多人一直过着"两点一线"的生活，就是多年如一日只在家庭和工作单位之间来往。作为个人有意识地选择和结交朋友，有意识地建立自己的信誉，经营人际关系的网络，可谓寥寥无几，这是营造人际关系网的遗憾。

　　经常会遇到这样一种场面：在生日宴会上，几个好朋友聚在一起欢天喜地地玩玩闹闹，而旁边会有人只是一声不吭地吃着东西，没有加入到大队伍的行列中。这样的人实际上是白白放弃了扩大自己交际圈的好机会。如果能主动争取和别人交流，那就会为自己开拓一个崭新的世界，也会促进自己的成功。

　　那么，怎样才能和对方顺利地交流呢？有这样一句话："对方的态度是自己的镜子。"在日常的人际交往中，有时自己感觉"他好像很讨厌我"，其实这也是自己讨厌对方的征兆。对方也会察觉到你好像不喜欢他，当然两个人就越来越远离彼此了。在出现这种情况的时候，自己要主动与对方交流，主动敞开心扉。

　　"对方愿意接近我，我也愿意和他交谈""对方如果喜欢我，我也喜欢他"。如果以这种被动的心态与人交往，那你永远也不会建立和谐友好的人际关系。要想使自己拥有和谐友好的人际关系，使自己每天的心情都轻松愉快，毋庸置疑，那就应该采取积极主动的态度与人交流。

　　要想营造好的人际关系网必须强调主动。一切自卑的、畏首畏尾和犹豫不决的行为，都只能导致人格的萎缩和做人处世的失败。所以，拿破仑说进攻是"使你成为名将和了解战争艺术秘密的唯一方法"。

　　在交际中也是如此。主动进攻，可以使人了解到社会人生所具有的意义，也可以说，寻常人生交际，也是一场不流血的、平静温和的战争。因此，主动进攻不仅是一种行为风格，从思想上讲，更是一种主动谋略。

苏珊和玛丽是新进入公司的两名工程师，公司安排她们前6个月上午听课，下午完成工作任务。

苏珊每天下午都把自己关在办公室里，阅读技术文件，学习一些日后工作中可能用得着的软件程序。当有的同事因手头忙碌请她暂时帮会儿忙时，都被她谢绝了。她认为，自己最关键的任务就是努力提高自己的技术能力，并向同事及老板证明自己是如何出色。

而玛丽除了每天下午花两个小时看资料外，她把剩余的时间都花在与同事们相处，并询问与项目有关的一些问题上了。当同事们遇到问题或忙不过来时，她就主动帮忙。当所有办公室的 PC 机都要安装一种新的软件工具时，每个工作者都希望能跳过这种耗时的、琐碎的安装过程。由于玛丽懂得如何安装，她便自愿为所有机器安装这个软件工具，这使得她不得不每天早出晚归，以免影响其他工作。包括苏珊在内的部分同事都觉得玛丽这样做有点儿傻。实际上，玛丽不仅在实践中提高了自己的技术能力，还拓展了自己的人际关系。

5个月后，苏珊和玛丽都完成了工作安排。她们的两个项目从技术上讲完成得都不错，苏珊还稍显优势。但是经理却认为玛丽表现得更出色，并在公司高层管理人员会议上表扬了玛丽。苏珊听说后，一时想不开，就去经理办公室问经理，为什么受到表扬的是玛丽而不是自己？

经理说："因为玛丽是一个有主动性的工程师，善于为别人提供帮助，能够承担自己工作以外的责任，愿意承担一些个人风险为同事和集体做更多的努力。而你呢？"

苏珊禁不住红了脸，低下了头。

不管你所从事的是什么工作，习惯于守株待兔的人都会被淘汰出局。任何一件事都不能靠等待去完成，抱有这种态度的人最终只会一事无成。只有躬身自省、主动做事，才有成功的可能。

道理是这样，但避免不了人们心里对主动交往的误解。比如，有的人会认为"先同别人打招呼，显得自己没有身份""我这样麻烦别人，人家肯定反感的""我又没有和他打过交道，怎么会帮我的忙呢"，等等。其实，这些都是害人不浅的误解，没有任何可靠的事实能证明其正确性。但是，这些观念却实实在在地阻碍着人们，阻碍了人们在交往中采取主动的方式，从而失去了很多结识朋友、发展友谊的机会。

当你因为某种担心而不敢主动同别人交往时，最好实践一下，用事实去证明你的担心是多余的。不断的尝试，会积累你成功的经验，增强你的自信心，使你在工作场合的人际关系状况愈来愈好。

在谈话中，如果控制话题的主动权，你的压力就会缓和下来。但是，要是在主动权落入他人手中，受制于人的情况下，谈话便不会像你希望那样顺利进展。如果对方不怀好意，存心问些尖锐敏感的问题，你更是一味陷于挨打的局势了。此时，人们大都苦思如何回答问题，殊不知这样一来，正中了对方的陷阱。

其实，这时恰是你反击的时候。你无须正面回答对方的问题；相反可以提出相关的问题，反过去征询对方的意见。据说，善于社交的高手，大都擅长使用这种"转话法"，以确保谈话时的主导权。

除了变被动为主动外，人在谈话时难免失言，但是在关系重大的面谈时失言，可能造成致命的一击而一蹶不起。不管说错了什么话，即使是无伤大雅的事，一旦失言，大家第一个反应就是慌乱，告诉自己"完蛋了"，瞬时热血直往脑门上冲，说话就更加语无伦次。这种情况，千万不能慌，要变被动为主动。

虽然丰富多彩的人际关系是每个人需要的。可是，现实生活中，很多人的这种需要都没有得以实现。他们总是慨叹世界上缺少真情，缺少帮助，缺少爱，那种强烈的孤独感困扰着他们，使他们痛苦不已。其实，很多人之所以缺少朋友，仅仅是因为他们在人际交往中总是采取消极的、被动的退缩方式，总是期待友谊从天而降。这样，虽然他们生活在一个人来人往的工作场所，却仍然无法摆脱心灵上的寂寞。这些人，只做交往的响应者，不做交往的主动者。

要知道，别人是没有理由无缘无故对你感兴趣的。如果想赢得别人的友情，与别人建立良好的人际关系，摆脱寂寞的折磨，就应该主动交往。

即便你是天才，也应该保持谦逊

一位学者这样说道："当我以为自己什么都懂的时候，学校颁给了我学士学位；当我觉得自己一知半解的时候，学校颁给了我硕士学位；当我发现自己竟是如此孤陋寡闻的时候，学校颁给了我博士学位。"

这位学者的话揭示了一个这样的道理：当人越谦卑的时候，越发现自己有所不足，就越懂得放下身架虚心求教，这样所学到的东西也就越多。这位学者所分享的话与我们平时所说的"越熟的麦子头垂得越低"有着异曲同工之妙。意思就是说，当一个人越懂得谦卑的时候，不仅本身能获益更多，也更能让人发自内心地钦佩、敬重他。

古希腊著名哲学家苏格拉底说过："就我来说，我所知道的一切，就是我什么也不知道。"他以最简洁的形式表达了进一步开阔视野的理想姿态。可以说，至今仍有很多人信奉苏格拉底这句名言。无论你多么伟大，无论你多么有才能，你也有不知道的地方，说不知道并不意味着你无能，反而在勇敢承认的同时而获得了更多的称赞。

有一位学富五车、年近八旬的老妇人，她原是大学教授，会五种语言，读过很多书，语汇丰富，记忆过人，而且还经常旅行，可以称得上是见多识广。然而，从未有人听到过她卖弄自己的学识或对自己不了解的事情假称通晓。遇到疑难时，她从不回避说"我不知道"，也不用自己所掌握的知识去搪塞，而是建议去查阅有关专著、资料，以做参考。看到老人的这一切，每个跟她接触的人真正懂得了怎样才能被别人敬重，怎样才能获得做人的尊严。

著名的心理学家邦雅曼·埃维特曾指出，平时动不动就说"我知道"的人，头脑迟钝，易受约束，不善同他人交往。迅速和现成的回答，表现的是一种一成不变的老套思想，而敢于说"我不知道"所显示的则是富有想象力和创造性。埃维特还说，如果我们承认对这个或那个问题也需要思索或老实地承认自己的无知，那么我们的生活就会大大地改善。

从事任何一种职业的聪明人，都有勇气承认"没有人知道一切事情"这个事实。承认自己不知道无损于他们的自尊。对于他们来说，"不知道"是一种动力，并不是说出来就大失面子的话语，因为自己的"不知道"，反而会促使他们去进一步了解情况，求得更多的知识。

在柯金斯担任福特汽车公司经理时，有一天晚上，公司里因有十分紧急的事，要发通告信给所有的营业处，所以需要全体职工协助。当柯金斯安排一个书记员的下属去帮忙套信封时，那个年轻职员傲慢地说："那有损我的身份，我不干！我到公司来不是做套信封工作的。"

听了这话，柯金斯一下就愤怒了，但他平静地说："既然做这件事是对你的污辱，那就请你另谋高就吧！"

于是那个年轻职员一怒之下就离开了福特公司。他跑了很多地方，换了好几份工作都觉得很不满意，他终于知道了自己的过错，于是又找到柯金斯，诚挚地说："我在外面经历了许多事情，经历得越多，越觉得我那天的行为错了。因此，我想回到这里工作，您还肯任用我吗？""当然可以，"柯金斯说，"因为你现在已经能听取别人的建议了。"

再次进入福特公司后，这个年轻人变成了一个很谦逊的人，不再因取得了成绩而骄傲自满，并且经常虚心地向别人请教问题。后来他成了一个很有名的大富翁。

一个年轻人，无论他多么有才华和能力，如果他不能谦逊待人，也会遭到他人的唾弃。对于外界的排斥，尽管有些人表面上会表现得桀骜不驯、满不在乎，但是这种人的心底还是会隐隐存在着一种被认同的渴求。

这个世界从来不缺乏有才华和能力的人，缺乏的是有才华同时又能保持谦逊的高情商之人。

不要随意张扬个性

很多人都认为个性很重要，特别是年轻人，他们最喜欢谈的就是张扬个性。他们最喜欢引用的格言是："走自己的路，让别人去说吧！"时下的种种媒体，包括图书、杂志、电视等也都在宣扬个性的重要性。我们可以看到许多名人都有非常突出的个性。爱因斯坦在日常生活中非常不拘小节，巴顿将军性格极其粗野，画家凡·高是一个缺少理性、充满了艺术妄想的人。

名人因为有突出的成就，所以他们许多怪异的行为往往会被广为宣传，有些人甚至产生这样的错觉：怪异的行为正是名人和天才人物的标志，是其成功的秘诀。我们只要分析一下，就会发现这种想法是十分荒谬的。

四年前，刘冰毕业于国内一所名校的计算机系，那时，他是一个追求独特个性，充满了抱负和野心的年轻人。他崇拜比尔·盖茨和斯蒂文·乔布斯这两个电脑奇才，追随他们不拘一格的休闲穿衣风格，他相信"人真正的才能不在外表，而在大脑"。对那些为了寻求工作而努力装扮自己的人，他嗤之以鼻。他不仅穿着牛仔裤、T恤，还穿了一双早已过时的鸭舌口黑布鞋，他认为自己独特的抗拒潮流又充满叛逆性格的装束，正反映了自己有独特创造性的思想和才能。

一次，他穿着自己那套"潇洒"的"盖茨"服，外加上"性格宣言"的黑布鞋去面试。在他进入面试的会议室时，看到有五六个人全部是西服正装。他们看起来不但精明强干，而且气势压人。他那不修边幅的休闲装显得如此与众不同、格格不入，巨大的压力和相形见绌的感觉使他恨不能找个地缝儿钻进去。他没有勇气再进行下去，最后放弃了面试的机会。他说："我的自信和狂妄一时间全都消失了。我明白了一个道理，我还不是比尔·盖茨。"

名人确实有突出的个性，但他们的这种个性往往表现在才华和能力之中。正是他们的成就和才华，使他们特殊的个性得到了社会的肯定。如果是一般人，一个没有多少本领的人，他们的那些特殊行为可能只会遭到别人的嘲笑。

如今，职场上追求个性的人越来越多，那些才华出众的人，尤其喜欢张扬自我，不愿放弃自己的主张与见解，错了都不肯低头。如此鲜明的个性，让人无法接受，对自己的发展也相当不利。

盲目追求个性的人都有一种想显示自己与众不同的想法。在实际生活工作中不难看到这样的现象，有人对一些不听指挥、顶撞上级或身陷困境仍然执迷不悟的顽固分子，称赞其"有个性"。也有人为了展示自己独特的个性，固执地坚持自己错误的观点或是做一些意想不到的事。他们最终的目的，就是为了显示自己的与众不同。

推崇个性，不等于不要尺度。如果时时、处处、事事都特立独行，脱离群体，在世人的眼中便是"怪物"。如果连群体都不能容纳你，起码的交流和生活都成问题，根本就没有成功的可能。

因此，当我们张扬个性的时候，必须明白我们张扬的是什么，必须注意到别人的接受程度。如果你的这种个性是一种非常明显的缺点，你最好还是把它改掉，而不是去张扬它。

社会需要的是生产型的个性，只有你的个性能融合到创造性的才华和能力之中，你的个性才能够被社会接受，如果你的个性没有表现为一种才能，仅仅表现为一种脾气，它只能给你带来不好的结果。

在生活中，随意张扬个性，常常给自己带来不必要的麻烦，甚至会让自己吃亏。所以，我们最好还是聪明一些，尽可能与周围的人协调一些，这才是智慧的表现。

外露的聪明不如深藏的智慧

《道德经》中说："绝圣弃智，民利百倍。"充分表明老子反对标榜圣人，反对卖弄智慧的思想。老子认为，人们如果不卖弄聪明才智，本来还会有和平安静的生活，但这种平静却被一些标榜圣人、标榜智慧的"才智之士"搅乱了。世人都渴望聪明，但是他们不知道，有太多的人为聪明所累、所误。

《红楼梦》中，一曲《聪明累》暗示了王熙凤的命运和结局，人们一方面惊叹于她治家的才能、应付各色人等的技巧，一方面又感慨于她悲惨的人生结局。她就是因"心机"太重而遭悲惨结局的典型。

"聪明反被聪明误"这句话，点出了很多人失败的根源。的确，一个人太聪明难免会遭到别人的嫉恨和非议，甚至引来祸端。历史上和现实生活中的这种例子比比皆是。三国时期的杨修就是因喜欢卖弄聪明而最终遭祸的。

杨修是曹操门下掌库的主簿。此人生得单眉细眼，貌白神清，博学能言，智识过人。但他自恃其才，竟小觑天下之士。

一次，曹操令人建一座花园。快竣工了，监造花园的官员请曹操来验收查看。曹操参观完花园之后，是好是坏、是褒是贬没说，只是拿起笔来，在花园大门上写了一个"活"字，便扬长而去。一见这情形，大家犹如丈二和尚，摸不着头脑，怎么也猜不透曹操的意思。杨修却笑着说道："门内添'活'字，是个'阔'字，丞相是嫌园门太阔了。"官员认为杨修说得有道理，立即返工重建园门，改造停当后，又请曹操来观看。曹操一见重建后的园门，不禁大喜，问道："是谁猜透我的意思？"左右答道："是主簿杨修。"曹操表面上称赞杨修聪明，其实内心已开始忌讳了。

又有一次，塞北送来一盒酥饼给曹操，曹操没有吃，只是在礼盒上亲笔写了三个字"一合酥"，放在案头上，自己径直出去了。屋里其他人有的没有理会这件事，有的不明白曹丞相的意思，不敢妄动。这时正好杨修进来看见了，便走向案头，打开礼盒，把酥饼一人一口分吃了。曹操进来见大家正在吃他案头的酥饼，脸色一变，问："为何吃掉了酥饼？"杨修上前答道："我们是按丞相的吩咐吃的。""此话怎讲？"曹操反问道。杨修从容地应道："丞相在酥盒上写着'一人一口酥'，分明是要赏给大家吃，难道我们敢违背丞相的命令吗？"

　　曹操见又是这个杨修识破了他的心意，表面上乐呵呵地说："讲得好，吃得对，吃得对！"其实内心已对杨修产生厌恶之感了。可杨修还以为曹操真的欣赏他，所以不但没有丝毫收敛，反而把心智全部用在捉摸曹操的言行上，并不分场合地卖弄自己的小聪明，从而也不断地给自己埋下了祸根。

　　曹操与刘备对垒于汉中，两军相持不下。曹操见连日阵雨，粮草将尽，又无法取胜，心正烦恼。这时士兵来问晚间的口令，曹操正呆呆看着碗内鸡肋思想进退之计，便随口答道："鸡肋！"

　　当"鸡肋"这个口令传到主簿杨修那里，他自作聪明，怂恿兵士们收拾行装准备撤兵。兵问其故。杨修说："鸡肋鸡肋，弃之可惜，食之无味。今丞相进不能胜，恐人耻笑，明日必令退兵。"于是大家都相信了。这件事被曹操知道后，曹操便以蛊惑军心之名砍了杨修的头。

　　杨修之智，实非大智慧，其修养、境界、为人处世之道，皆非成大事者。可见，过于卖弄聪明就会成为众矢之的，而摆正自己的位置，厚积薄发，在适当的时机表现出来，才是成事之道。正如英国著名外交家切斯特·菲尔德所说的那样："要比别人聪明，但不要让他们知道。"外露的聪明远不如深藏的智慧更有实际意义。

　　众所周知，在音乐的世界中，技巧很重要，但不是最重要的，过多的花哨技巧只会减弱情感的表达。人生也是如此，人人都耍小聪明，只会让世界繁杂凌乱；低调收敛，才能朴实安然地生活。二十几岁的年轻人应该懂得，摒弃小聪明方能显出大智慧、高情商。

主动示弱，赢取人心

主动示弱不是无能，而是一种机敏的为人处世之道，是拥有高情商的体现。名声高了会令旁人尤其是令居上位者不安，那样只会为自己招致麻烦。

汉朝时，卫青的姐姐卫皇后受宠于汉武帝，再加上卫青本人骁勇善战，深得汉武帝之心，被任命为大将军，封为长平侯，率大兵攻打匈奴。右将军苏建在与匈奴作战中全军覆没，单身逃回，按军律当斩。

卫青问众属官："苏建应当如何处置？"

议郎周霸说："大将军出兵以来，从未斩过一名偏将小校，如今苏建弃军逃回，正可斩苏建的头，来立大将军之威。"

卫青说："我因是皇上的亲戚而带兵出塞，并不怕立不起军法的威严，你劝说我杀人立威，却失掉了做臣子的本分。我的权限虽可以斩杀大将，然而我把专杀大将的权力还给皇上，让皇上来决定是否诛杀，这不是更好吗？"

属官们都钦佩地说："大将军高见，属下等万万不及。"

卫青便派人把苏建押回长安，汉武帝对卫青的处置大为满意。

汉武帝并没有杀苏建，苏建后来又跟随卫青出塞攻打匈奴，他劝卫青说："大将军的地位是至尊至重了，可是天下的贤士名人却没人夸赞传扬您的威名，古时的名将都向朝廷推荐贤良才能之士，自己的名声也传遍四海，希望大将军能学习古时名将的做法。"

卫青摇头说："武安侯田蚡、魏其侯窦婴各自招揽宾客，结成朋党，以颂扬自己的名声，皇上常常恨得咬牙切齿。亲近贤士名人、进用贤良、贬黜不肖，这都是皇上的权力，我做臣子的，只知道遵守国法，履行自己的职责而已。"

汉武帝因此更加宠爱卫青，下令群臣见到卫青都要行跪拜礼，以显示大将军的尊贵。

群臣都不敢抗旨，见到卫青无不匍匐跪拜，只有主爵都尉汲黯见到卫青，依然行平揖礼。有人好意劝汲黯："对大将军行跪拜礼乃是皇上的意思，您这样做不怕皇上恼怒吗？"

汲黯昂然道："跪拜大将军的多了，多我一个不多，少我一个不少。难道说大将军有一个平礼相交的朋友，就不尊贵了吗？"

卫青听说后，非常高兴，登门拜访汲黯，谦虚地说："久仰大人威名，一直没有机会和大人结交，今幸大人看得起，请把我当您的朋友吧。"

汲黯见他态度诚恳，不以富贵骄人，便破例交了这个朋友，卫青以后凡有疑难问题，都虚心向汲黯请教。

盛名只会使人不安，使身边的人远离，使谄媚者蜂拥而至，主动示弱可以避免上述情况出现，是处世成功之道。而卫青之所以能受到汉武帝的宠爱，原因也正在于此。

主动示弱可以减少乃至消除他人的不满或嫉妒，而且还能使处境不如自己的人保持心理平衡，有利于在与人交往时掌握主动。

二十几岁的年轻人要知道，懂得主动示弱是人际交往中掌握主动权的"灵丹妙药"，也是谦逊为人、低调处世的制胜法宝。

第三章
DI SAN ZHANG

所谓情商高，
就是会说话，更要会做事

交往次数越多，心理距离越近

有心理学家曾做过这样一个实验：

在一所中学选取了一个班的学生作为实验对象。他在黑板上不起眼儿的角落里写下了一些奇怪的英文单词，这个班的学生每天到校时都会瞥见那些写在黑板角落里的奇怪的英文单词。这些单词显然不是即将要学的课文中的一部分，但它们已作为班级背景的一部分被接受了。

班上学生没发现这些单词以一种有条理的方式改变着——一些单词只出现过一次，而一些却出现了25次之多。期末时，这个班上的学生接到一份问卷，要求对一个单词表的满意度进行评估，列在表中的是曾出现在黑板角落里的所有单词。

统计结果表明：一个单词在黑板上出现得越频繁，它的满意率就越高。

心理学家有关单词的研究证明了"曝光效应"的存在，即某个刺激的重复呈现会增加这个刺激的评估正向性。与"熟悉产生厌恶"的传统观念相反，"曝光效应"表明某个事物呈现次数越多，人们越可能喜欢它。

在人际交往中，要得到别人的喜欢，就得让别人熟悉你，而熟识程度是与交往次数直接相关的。交往次数越多，心理上的距离越近，越容易产生共同话题，加深彼此了解和建立友谊，由此形成良好的人际关系。例如老师和学生、领导和秘书等，由于工作的需要，交往的次数多，所以较容易建立亲近的人际关系。

由此可见，简单的呈现确实会增加吸引力，彼此接近、常常见面的确是建立良好人际关系的必要条件。

当然，任何事物都是辩证的，不是绝对的，我们应该承认交往的次数和频率对吸引的作用，但是不能过分夸大其对交往的作用。俗话说："距离产生美。"任何事情都存在一个尺度的问题。这个尺度需要我们在现实生活中自己把握。

真情互动，永不消失的"人际脉冲"

人际交往需要我们真诚地付出自己的感情与精力，而不应该目的性太强。对于那些在人际交往中暂时"用不上"的人，我们也应始终保持善意，并将这种善意定期传达给对方，让对方在真情互动中对你也保持同样的善意与亲切感，这样人际关系才能长久。

"人走茶凉""人情冷暖""世态炎凉"，这是人们对于世道人心的感慨，同时也表明，人们对于赤裸裸的利益与利用关系的厌恶之极，以及对于真诚与真情的迫切渴望。一个真正理解人际交往精髓、真正在人际交往中取得成功的人，则往往具备持久的真诚与真情。

优秀的推销员乔·吉拉德平均每天卖六七辆汽车，他的秘诀之一就是真诚地结交朋友，并且用心地去维护他的人际关系网。

乔·吉拉德用寄贺卡或信函的方式，加深了朋友间的友谊。乔·吉拉德对每个朋友每年大约要寄上 12 封贺卡或信函，每次均以不同的色彩及形式投递。

1 月份，他的卡片展现的是一幅精美的喜庆气氛图案，同时配以"恭贺新禧"的字样，下面是一个简单的署名。

2 月份，他的信函写的是"请你享受快乐的情人节"，下面仍是简单的署名。

3 月份，他在信中写道："祝你圣巴特利库节快乐！"圣巴特利库节是爱尔兰人的节日，也许对方是波兰人或捷克人，但这无关紧要，关键是他没有忘记向朋友表示祝愿。

然后是 4 月、5 月、6 月……

吉拉德并没有花费巨额的钱财去维护自己的人际关系网，他通过一张张简单的贺卡或一封简短的信函，表达了自己对每位朋友的问候。就是这样一种简单的方式，使他的人际关系网牢固且不断扩大，最终助他走向了成功。

其中的秘诀在于，吉拉德知道人际交往中什么最重要。他通过自己的耐心，坚持定期给朋友们传达自己对他们的关注、关心和牵挂，表示他们在自己心目中总占有一席之地，自己是在乎他们的。而吉拉德的这一行为无疑会使收到他的贺卡或信函的朋友们在感到温馨之余，会更诚挚地感念与信任他，因为吉拉德不断输出的是自己的真诚。

人际关系不是一次性快餐，需要付出长期的心血与努力，通过自己的不断维护，才能逐渐稳固并最终使自己受益。因此，在人际交往中，你需要以某种频率定期地向对方传达你的真诚，并激起对方相同的诚意，这样你们的关系将不会因时间与空间的隔绝而生疏，相反，你们的关系将会变得更加坚固。

要使人际关系始终处于互动的交流状态，首先你要对你所有的朋友都保持一颗真诚的心。人际关系首先是一种心灵的真诚交往，然后才是自然发生的利益互惠。你所要交的是朋友，因此，要多为他着想，尽自己的力量，为他解决各种困难，使他感觉到你无私的诚意，而这样也可以唤起他同样的诚意。吉拉德就是通过一张张小小的卡片或一封简短的信函，唤起并维护了自己与他人之间的感情。

在有诚意的同时还需要有具体的操作。朋友之间一般都有共同的兴趣点，平常要时不时地通过一些活动来唤醒并加强共同的快乐，维持这种兴奋，使友谊在这些活动中延续和增强，也可以定期或不定期地一起进餐、聊天、旅游。如果两人隔得远了，也可以利用通信互致问候，并将自己在生活中的喜怒哀乐与对方分享，让对方感觉到自己对他的信任。要知道，真诚也需要不断的实际行动来表达、维护与加深。

很多朋友在分开之后联系渐渐变少，甚至最终消失。在人际交往中，我们要学会花精力维护彼此之间的感情，即便是真诚，也需要通过一些具体的行动来彰显与强化，否则朋友关系将会逐渐散掉。真诚地将你的朋友们记在心里，时时与他们联系和互动，你的人际关系网才会更加稳固。

记住有关对方的小事，让他感觉被重视

也许你也曾经历或者听到过这样的对话："我不是跟你说过我是哪里的吗？你怎么又问我啊？"

"啊……不好意思，我好像忘了……"

有人说过这样一句话："朋友不是属于有钱人和有权人的，而是属于有心人的。"如果你想要获得朋友，就要把对方放在心上。希望获得别人的关注是人类的天性之一，每个人都渴望受到别人的关注和重视，渴望成为人们谈话的焦点。我们在与人相处的过程中，不要只考虑自己的内心感受，更要注意满足别人的这种心理需求，例如记住朋友的一些小事，关心他生活中的小细节和小烦恼，可以让朋友感觉被重视。

一次，纽约商人、政治家威廉·比尔登门拜访当时共和党的领袖马可·汉纳。比尔对汉纳有些偏见，因此对谈话并没有表现出十分热情。然而比尔发现，在整个交谈过程中，汉纳从头到尾都在讲

关于比尔的事情：关于比尔的父亲，关于比尔对政纲的意见等。

汉纳说："你来自俄亥俄州吧？你的父亲是不是比尔法官？他是民主党的……"汉纳像是在和一位世侄交谈一样，"嗯，你父亲可是个非常厉害的角色，害得我几个朋友在一次石油生意上损失了许多钱呢！"

在整个谈话过程中，汉纳不时地讲到许多关于比尔的小事。就这样，当谈话结束的时候，比尔对于汉纳的反感已经烟消云散了。几天后，比尔甚至成了汉纳忠诚的支持者。在此后的几年中，比尔最愿意做的事情就是为自己曾经最厌恶的汉纳服务。

由此可见，在与人交往的过程中，努力记住对方的小事，并且在适当的时候让对方了解你记住了关于他的事情，能够让对方获得一种被人重视、被人关注的心理满足感，进而对你产生好感。并且，你所记住的事情越是微小、不起眼儿，当对方得知你记住了它们时，对方获得的心理满足感就越大，对你产生的好感也就越大。

通过记住有关对方的小事来获得对方的好感，是一个非常有效的社交心理策略，无论对方是大人物还是普通人，这个方法都同样有效。以访问大人物而闻名的新闻记者马可森说："当你将大人物们曾经说过的话复述出来的时候，他们的心情就会显得格外好，对你也会表现得格外友善。"

那些善于交际的人都十分明白这种策略所带来的好处，他们总会在适当的时刻顺便问一两句对方的个人事情，以表示他们将对方正在做的事、对方的喜好记挂在心上，让对方感觉这些小事他们早该忘记却没想到他们还挂在心上，从而让对方的心里产生非常愉悦的感受，进而对他们产生好感。

这个方法实行起来很容易，然而或许正是因为它容易，人们才常常忽略它，总是记得与自己有关的事，而忘记他人的事。因此，从现在开始，努力记住那些和朋友有关的事情吧，当那些在对方看来微不足道的小事从你口中说出时，你就在无形中靠近了对方。

"锦上添花"不如"雪中送炭"

在社会生活中需要感情投资，这个道理很多人都明白，但是如何进行感情投资却没有多少人清楚。其实，感情投资的最佳策略就是"雪中送炭"，扩大感情投资的性价比。

在《水浒传》中有这样精彩的一幕：

话说宋江杀了阎婆惜后，逃到柴进庄上避难，碰上了武松。当时武松因在故乡清河县误以为自己伤人致死已躲在柴进庄上。但因为武松脾气不太好，得罪了柴进的庄客，所以柴进也不是十分喜欢他。《水浒传》上说："柴进因何不喜武松？原来武松初来投奔柴进时，也一般接纳管待；次后在庄上，武松一但吃醉了酒，性气刚烈，庄客有些顾管不到处，他便要下拳打他们，因此满庄里的庄客没一个道他好。众人只是嫌他，都去柴进面前说他许多的不是之处。柴进虽然不赶他，只是相待得他慢了。"所以，武松在柴进的庄上一直被大家孤立，找不到一个可以交心的朋友，只能一个人天天喝闷酒。

宋江知道武松是个英雄，日后可为自己帮忙，因此他到了柴进庄上一见到武松马上拉着武松去喝酒，似乎亲人相逢。看武松的衣服旧了，马上就拿钱出来给武松做衣服（后来钱还是柴进出的，但好人却是宋江做的）。而后"却得宋江每日带挈他一处，饮酒相陪"，这饮酒的花费自然还是柴进开销的。临分别时，宋江一直送了六七里路，并摆酒送行，还拿出十两银子给武松做路费，而后一直目送武松远去。

正因为这样，武松一直对宋江忠心耿耿，为宋江出生入死。

宋江所费之钱可以说是小成本，他不过花了十两银子和饯行的一顿饭，却让英雄盖世的武松对他感恩戴德。而柴大官人庇护了武松整整一年，就算后来有所怠慢，也不会少他吃喝用度的，在武松身上的花费岂止区区十两银子。相对于宋江而言，柴大官人真是得不偿失。这位宋大哥在武松心目中的分量恐怕要远远超过柴大官人。为什么柴进名满江湖、出身高贵，却成不了老大，而宋江却可以？因为宋江更懂得如何"雪中送炭"。

然而，在现实生活中，人们往往热衷于"锦上添花"，而不屑于"雪中送炭"。能与事业有成的人结交朋友，这是人们常见的一种心理。对于目前万事顺利的人来说，人人都想与他结识，都想与他交上朋友。他的朋友会很多，可能并不会过度在意你。

反之，一些有潜力的人因为没有遇到合适的机会而暂时处失落期，在他处于困境中的时候，你给予了帮助，有朝一日，当他成功时，会第一个还你人情。那时如果你有困难找他帮忙，他会毫不犹豫地伸出援助之手。

"锦上添花易，雪中送炭难。"真正有智慧的人都明白：成功的诀窍之一就是要少一些"锦上添花"，多一些"雪中送炭"。也许你略微施以援手帮助过的人，他们将来会成为你重要的朋友，事业上的得力助手。

登门拜访，巩固老朋友，认识新朋友

有的人总怕麻烦，不愿打搅别人，所以一年半载也不会去朋友家做客。但是，登门去拜访老朋友，叙叙旧，不但能维护你们之间的关系，通常也能和他的家人成为朋友，收获可能会很大呢。

关于拜访的好处有很多：

1. 在家里谈话比在公共场所气氛容易融洽，使双方都在一种无拘无束的氛围里面畅所欲言，并且比较容易接触到彼此的私生活，给大家的友谊发展做了更进一层的铺垫。如果能够常到对方家里去拜访，双方的关系会很快地密切起来。

2. 到对方住处去拜访，还能有机会接近他的家人。如果我们同时也结识了他的父母、兄弟姊妹、妻子儿女，或是和他同住的亲戚朋友，那么我们与对方的关系就更和睦、更巩固了。古语说："君子爱屋及乌。"如果我们对一个人真有好感，我们也会对他的亲人和挚友同样产生兴趣的。

3. 容易对对方有较深刻的认识，因为对方所住的地方、对方的家人和对方家里的布置装饰等，都会使我们更加深入地认识对方、了解对方。譬如，对方家里有一架电子琴或一套高级音响，那多少可以知道他对音乐有兴趣。从对方所有唱碟的种类，又可以看出对方喜欢哪一种音乐，是古典音乐还是流行音乐，是中国音乐还是外国音乐。此外，从对方墙上所挂的图画、相片，以及他所有的书籍、报刊杂志、小摆设、纪念品等，都可以加深我们对他的认识。有时，对方向我们解说他的相册，我们对他的过去也会得到更多的了解。

拜访朋友，会给你带来很多的好处，但是拜访一定要注意时间的合适性、距离的远近性、交谈的共同性、彼此的融洽性，等等。

1. 要选择合适的拜访时间

最好是在工作时间内，应尽量避免占用对方的休息日、休假日或午休时间，如果没有急事，应避免在清晨或夜间去拜访。拜访之前，最好以电话或短信方式与对方联系，约定一个时间，使被访者有所准备，不要做"不速之客"。最好讲明此次拜访需占用对方多长时间，以便对方安排好自己的事情。凡是约定的时间要严格遵守，提前 5 分钟或准时到达，以免对方等得不耐烦。如果因特殊情况不能前往，应及时通知对方，轻易失约是极不礼貌的。

拜访对方最合适的时间多半是在假期的下午、平日的晚饭后；避免在对方吃晚饭的时间去找他；如果对方有午睡的习惯，也不要在午饭后去找他；当然，更不要在对方临睡的时候去找他，一般在晚上九点半之后就不适宜去拜访了。如果在晚上十一点后还去找人，会被认为你不礼貌。

2. 拜访时的寒暄不能忽视

拜访对方时少不了寒暄，它是人们之间尤其陌生人见面时拉近距离的一种方式。寒暄，更为争分夺秒者赢得必要的准备时间、积极进攻或防守的力量，为拜访双方驱走冬日的严寒。由此可见，寒暄并不是使人"寒"，而是给人"暖"。

采访陈景润的湖北记者就深谙此理。他们与数学家的夫人由昆寒暄的第一句话是："听说您是我们湖北人，怎么普通话说得这么好啊？"由昆喜悦地回答："是吗？我跟湖北人还是讲湖北话呢！"于是，双方都沉浸在"老乡"相识的愉快之中，话语自然多起来，气氛也活跃得多，这正是采访者所需要的。倘若语言生硬，采访者怎么可能了解科学家的家庭生活呢？

3. 客套话少不得也多不得

一见面，朋友间肯定会说一些客套话，但是客套话一般只作为开场白，不宜过多，因为过于客气会使人产生陌生感。朋友初次见面略叙客套后，第二次、第三次的见面就应竭力少用那些"阁下""府上"等词语，如果一直用下去，真挚的友谊必然无法建立。客套话的"生产过剩"，必然损害轻松的气氛。

客套话是表示你的恭敬或感激，不是用来敷衍朋友的。如果拜访对象是熟人、老朋友，客套话过多，彼此保持"过远"的距离，就会使双方都感到别扭、不舒服，甚至还可能导致相互猜疑，产生误会。长此以往，还会影响你们之间正常的友谊。

拜访比自己级别高的人，或握有某种权势、拥有某种优势的人，不宜靠得很近，至于拍拍打打之举更不可随便使用。否则，对方就会认为你是与他"套近乎"，或者引起对方心理警惕，或者让对方瞧不起你，或者引起旁人的嫉妒等，影响交流效果。

4. 说一些平常的话

著名作家丁·马菲说过："尽量不说意义深远及新奇的话语，而以身旁的琐事为话题作开端，是促进人际关系成功的钥匙。"一味说令人不懂与吃惊的话，容易使人产生华而不实、锋芒毕露的感觉。受人支持与信赖的人，大多并不属于才情焕发、一鸣惊人、博得他人喜爱的人。

5. 尽量谈一些共同的话题

任何人都有这样一种心理特性，例如同乡或同一公司的人往往不知不觉地因同伴意识、同族意识而亲密地联结在一起，同乡校友会的产生正是因此。若是女性，也常因血型、爱好相同产生共鸣。如果你想得到对方的好感，可以找出与对方某种共同点，即使是初次见面，无形之中也会产生亲近感。一旦缩短彼此心里的距离，双方很容易推心置腹。

6. 不妨谈一些对方的成就

任何人都有自鸣得意的事情，但是再得意、再自傲的事情，如果没有他人的询问，自己说起来也无优越感。因此，你若能恰到好处地谈一些对方的成就，定使他欣喜，并敞开心扉畅所欲言，你与他的关系也会亲密起来。

大多数人在人际交往中非常希望他人对自己的评价是正面的，例如胖人希望看起来瘦一些，老年人愿意显得年轻些，等等。所以，去拜访别人的时候，可以投其所好，引导对方谈一些对方得意的事情，并时时给予好的评价。

7. 表现出自己对对方的重视

表现出自己关心对方，必然能赢得对方的好感。卡内基认为：在招待他人或是主动邀请他人见面时，事先应该多少搜集对方的资料。这不仅是一种礼貌，还可以使对方感受到你的关心和热忱。记住对方说过的话，事后再提出来当话题，也是表示关心的做法之一，尤其是兴趣、嗜好、梦想等，对对方来说，是最重要、最有趣的事情。一旦提出来作为话题，对方一定觉得开心。

拜访时，我们还要注意以下几点：

1. 进门前要敲门或出声打招呼。冒昧地闯入会使主人措手不及，让主人觉得你没礼貌、缺乏教养。

2. 初次相见，要注重自己的仪表，不然别人会产生不舒服的感觉。若有必要，给主人家里的老人或小孩儿带点儿小礼品，礼轻情义重。

3. 若带有小孩儿，应看好自己的孩子，不要让孩子乱闹乱翻。若主人用瓜子、糖果招待，应尽量注意房间卫生。

4. 做客要有时间观念，有话则长，无话则短，不要东拉西扯，否则会使主人感到厌烦。

5. 不要乱翻乱动主人的东西，甚至乱闯主人的卧室，这样并非亲热之举，而是对主人不尊重，若触及别人隐私，岂不彼此都尴尬？

6. 若主人想留你吃饭，应考虑是否有必要；当和主人一起进餐时，应注意餐桌礼仪。

7. 做客既不要过于拘束，也不要轻浮高傲，落落大方才是做客应有的态度。

8. 告别主人时，应对主人的款待表示感谢，如有长辈在家，应先向长辈告辞。

9. 若主人送出大门要及时请他留步。切忌在门口寒暄过多，让主人在门外站得过久。

维护人际关系要拿捏最适合的相处距离

维护人际关系要拿捏最适合的相处距离，根据自己与交往对象的具体情况，调整双方的相处距离，使交往双方能在平衡中实现和谐的交流互动。

寒冷的冬天，一群豪猪被冻得瑟瑟发抖，它们为了取暖，就紧紧地挤在一起，但是各自身上长长的尖刺很快就把对方刺痛了，于是就四散跑开了。天气寒冷，它们很快又聚集在一起，但是当它们彼此靠近时，又重复了第一次的痛苦。豪猪们如此三番五次地分了又聚、聚了又分，徘徊在寒冷和被刺痛两种痛苦之间。后来，它们终于找到了一个合适的距离，既可以互相取暖，又不会刺痛对方。

豪猪的这种行为对于人际交往有很好的启示作用。豪猪之所以聚拢在一起，是因为它们有强烈的需求——只有靠在一起，才能一同抵御寒冷。在人际交往中，对于交往的渴望产生了交往的可能，而在交往中，我们一般遇到的问题不是交往渴望太微弱，而是因过于强烈的交往愿望导致拿捏不准交往距离，使交往失衡，这就是豪猪们开始时的苦恼。由于它们太冷了，希望通过最密切的接触来驱除寒冷，结果这种强烈的靠近愿望使它们忽略了自身的身体特征，靠得太近、太紧，反而被刺痛。

我们在人际交往中也是这样，过于强烈的交往渴望使得我们既不考虑双方所存在的客观条件差别，也不考虑双方在交往中的不同主观意愿，一意孤行，将自己这种强烈的愿望加在交往中，结果往往是对方反感、自己受伤，交往戛然而止。其实，交往双方在思想感情与心理愿望不能达成一致的情况下，双方传递的心理能量是不能平衡的，只会导致交流与互动中断，双方对于交往不能产生很高的满意度，交往便会终止。因此，在交往中，把握双方的主客观情况，拿捏交往时最适当的距离，使双方的气场始终处于一个平衡状态，则能为和谐交往打下良好的基础。

一位心理学家做过这样一个试验：在一个刚刚开门的阅览室里，当里面只有一位读者时，心理学家就进去坐在他的旁边。试验进行了整整 80 次，结果证明，在一个只有两个人的空旷的阅览室里，没有一个被试验者能够忍受一个陌生人紧挨自己坐下。当心理学家坐在他们身边时，被试验者不知道这是在做试验，多数人很快就默默地离开到别处坐下，有人则干脆明确表示："你想干什么？"这就说明，人们不管走到哪里，"私人距离"的意识都永远存在。

我们都有自己的私人距离，陌生人靠近，很容易被我们察觉，可能产生强烈的排斥感。把握好人际交往的恰当距离，需要你懂得并接受对方的这种私人距离。随便侵入别人的私人距离，会冒犯别人，令对方产生厌恶与排斥，使人际交往失衡。

在交往中，一个最佳距离的确定要具体考量交往对象各方面的情况，以及你与交往对象的亲密程度。美国人类学家爱德华·霍尔在《无声的语言》中制定了一个人际心理距离的尺度，用 4 个区域来表示：

（1）亲密区，属于家庭成员、莫逆之交等最亲密的人。

（2）熟人区，又分两个层次。一是私人的空间距离，夫妻或情侣之间的距离。二是属于老同学、老同事、关系融洽的邻居之间的距离。

（3）社交区，也分两个层次。一是一般性交谈，如在办公室里一起共事的人之间。另一个层次是彼此相识，但不熟悉，如正式会谈时，人们一般都保持这个距离。

（4）公共区，演讲者与听众、非正式的场合，以及人与人之间极为生硬的交谈都保持这个距离。

对照这个心理距离来考察你和交往对象之间的实际情况，调整自己的交往迫切程度，把握好交往的距离，可使双方处于气场的平衡状态，使双方对交往都满意。另外，一个适当距离的确定还和交往者的文化背景有关，例如一般来说，与美国人交谈时，距离不得小于 60 厘米。

我们了解了交往中人们的自我空间及适当的交往距离，就能有意识地调整与人交往的最佳距离；而且，通过空间距离的信息，还可以很好地了解一个人的实际社会地位、性格，以及人与人之间的相互关系。根据交往对象拿捏你与对方最恰当的交往距离，使双方的交往能够在融洽的状态下顺利进行。

"吃亏是福"——与人为善为自己积攒人缘

有些时候，主动"吃亏"，也许以后还有合作的机会。若一个人处处不肯"吃亏"，处处总想占便宜，于是妄想日生，骄心日盛。而一个人一旦有了骄狂的态势，难免会侵害别人的利益，易起纷争，在四面楚歌之中，又焉有不败之理？

有人问李泽楷："你父亲教了你怎样成功赚钱的秘诀吗？"李泽楷说，他父亲没有教他赚钱的方法，只教了他一些为人的道理。李嘉诚曾经这样跟李泽楷说，和别人合作，假如他拿7分合理，8分也可以，那么拿6分就可以了。

李嘉诚的意思是，"吃亏"可以争取更多人愿意与他合作。你想想看，虽然他只拿了6分，但现在多了100个合作人，他现在能拿多少个6分？假如拿8分的话，100个人会变成5个人，结果是亏是赚可想而知。李嘉诚一生与很多人进行过或长期或短期的合作，合作结束的时候，他总是愿意自己少分一点儿钱。如果生意做得不理想，他就什么也不要了，愿意吃亏。这是种风度，是种气量，也正是这种风度和气量，才有人乐于与他合作，他的生意也才越做越大。所以李嘉诚的成功更得力于他的恰到好处的处世交友经验。

"吃亏是福"，乃智者的智慧。不管你是做老板也好，还是做合作伙伴也罢，旁边的人跟着你有好日子过、有奔头，他才会一心一意与你合作，跟着你干。

有人与朋友一旦分开，就翻脸不认人，不想吃一点儿亏，这种人是否聪明不敢说，但可以肯定的是，一点儿亏都不想吃的人，只会让自己的路越走越窄。"让步""吃亏"是一种必要的投资，也是朋友交往的必要前提。生活中，人们对处处抢先、占小便宜的人一般没有什么好感。占便宜的人首先在做人上就吃了大亏，因为他处处抢先，从来不为别人考虑，眼睛总是盯着他看好的利益，迫不及待地想跳出来占有它。他周围的人对他很反感，合作几个来回就再也不想与他继续合作了。合作伙伴一个个离他而去，那他不是吃了大亏吗？

"吃亏"并非是损失，"吃亏"是一种谦让的精神，一种成全他人的品德，也是一种人际关系经营之道。

深圳有一个农村来的没什么文化的妇女，起初给人当保姆，后来在街头摆小摊儿，卖一个胶卷赚一角钱。她认死理儿，一个胶卷永远只赚一角。现在她开了一家摄影器材店，生意越做越大。市场上一个柯达胶卷卖23元，她卖16元，批发量大得惊人，深圳搞摄影的没有不知道她的。外地人的钱包丢在她那儿了，她花了很多长途电话费才找到失主；有时候算错账多收了人家的钱，她心急火燎地找到人家还钱。就是这样的为人处世之道，让她赚了不少钱。在深圳，很出名的摄影师也去她那儿拿货。

据说有个卖砂石的老板，没有文化，也没有背景，但生意却做得出奇好，而且历经多年，长盛不衰。说起来他的秘诀也很简单，就是与每个合作者分利的时候，他都只拿小头，把大头让给对方。如此一来，凡是与他合作过一次的人，都愿意与他继续合作，而且还会介绍一些朋友，再扩展到朋友的朋友，也都成了他的客户。人人都说他好，因为他只拿小头，但所有人的小头集中起来，就成了最大的大头，所以他才是真正的赢家。

"吃亏是福"不是句套话，尤其是关键时候要有敢于"吃亏"的气量，这不仅体现你大度的胸怀，同时也是做大事业的必要素质。不要因为吃一点儿亏而斤斤计较，吃点儿亏换得朋友丰盈，其实是结交朋友的至高境界。

患难见真情，更能增进感情

我们常说"患难见真情"，人的一生不可能一帆风顺，难免会碰到失利受挫或面临困境的情况，这时候最需要的就是别人的帮助，如果你能够伸手相助，就好像雪中送炭一样。当别人遭遇困难或不幸时，帮人一把，也可以为自己的人缘账户做储备。

摆脱困难，战胜不幸，不能完全依赖组织，要靠我们自己的力量，要借助友谊的力量。人缘储蓄，不仅仅是在欢歌笑语中和睦相处，更是要在困难挫折中互相提携，互相帮助。

有的年轻人平时能够和朋友融洽相处，可是一旦朋友遇到了困难，遭到了不幸，他们就冷落疏远了朋友，友谊也就烟消云散了。这种只能共欢乐不能同患难的人，不仅是无情的，更是愚蠢的。因为他们的自私，会让自己的人缘储蓄负债，也会让自己日后的人际关系道路越走越窄。

所以，当朋友遭到打击、孤立无助的时候，我们应该伸出友谊的双手，去鼓励对方，支持对方。如果在朋友遭到歪风邪气打压的时候，为了讨好多数而保持沉默，或者反戈一击，那就成了友谊的可耻叛徒。正如巴尔扎克的《赛查·皮罗多盛衰记》中所说的："一个人倒霉至少有这么一点好处，可以认清楚谁是真正的朋友。"一个好朋友常常是在逆境中得到的。假如朋友在遭到打击、孤立无助的时候，即使你与他之前并不是挚交，你却能够理解他、支持他，坚决同他站在一起，那他一定会把你视为一生的挚友，会为找到一个真正的朋友感到高兴。更重要的是，将来某一天如果你需要他的帮助，甚至你有难时没有向他求助，他都会心甘情愿地去为你"两肋插刀"。

当朋友遭遇不幸的时候，如病残、失去亲人、失恋，等等，我们要用关怀去温暖朋友那冰冷的心，用同情去安抚朋友身上的创伤，用劝慰去平息朋友胸中冲动的岩浆，用理智去拨散朋友眼前绝望的雾障。

当朋友遇到了困难的时候，我们应该伸出援助的双手。当朋友生活上艰窘困顿时，要尽自己的能力解囊相助。对身处困难之中的朋友来说，实际的帮助比甜言蜜语强一百倍。只有设身处地地急朋友所急，帮朋友所需，才体现出友谊的可贵，让这份交情细水长流。

当朋友犯了错误的时候，我们应该及时纠正他的错误，引导其回归正路。有些人，常担心继续与犯了错误的朋友相交会连累自己，因此而离开这些朋友，其实这种自私的行为很不可取。要知道，友谊的价值之一，就是在于帮助犯了错误的朋友改正错误，一道前进。

总之，赢得友情往往在关键的时刻，即当别人处于困顿的时刻。这个时候就是加深友情的绝佳时刻，如果你在这关键时刻伸出援助之手，你就获得了他的好感，为日后储蓄了一笔"人缘资金"。

第四章
DI SI ZHANG

经营人际关系要用心，
情商比智商更重要

充满自信，赢得信任

人是有理想、有追求的动物。为了追求理想，自信是必备品。自信是成功的推动器，人的意志、毅力有时能够发挥出超越极限的威力，正是顽强的信念，创造了一个个不平凡的业绩，造就了一个个声名显赫的伟人。

人际交往虽然是稀松平常的事情，但要处理得十分圆满也相当困难。我们常常会有这样的问题："他愿不愿意跟我打交道？""我这个形象会不会受到别人欢迎？""这个人似乎不好相处。""我真不想再跟他交往了。"当你与人交往时因为此类小烦恼而摇摆的时候，你就需要靠自信来"充充电"了。焦虑、徘徊、犹豫、恐惧、害羞，往往会成为交际的绊脚石。自信最重要，如果你在交际时不由自主或六神无主，那你的交际肯定会失败。交际中的自信可以展现一个人的精神风貌，体现一个人的人格风范。有了自信才能时刻保持充沛旺盛的精力，才能在交际中立于主动地位，主动出击，赢得别人对你的信任！

在一次演讲会上，一位著名的演说家没讲一句开场白，手里只高举着一张 50 美元的钞票。面对会议室里的几百人，他问："谁要这 50 美元？"一只只手举了起来。他接着说："我打算把 50 美元送给你们中的一位，但在这之前，请准许我做一件事。"他说着将钞票揉成一团，然后问，"谁还要？"举起的手依然没有放下。

他又说："那么，假如我这样做结果又会是什么呢？"他把钞票扔在地上，又踏上一只脚，并且用脚狠狠地踩它。而后他拾起钞票，钞票已变得又脏又皱。"现在谁还要？"还是有人举起手来，"朋友们，我们已经上了一堂很有意义的课。无论我如何对待这张钞票，你们还是想要它，因为它并没有贬值。它依旧值50美元。"

上面说的是关于钞票价值的问题，引申到人生的自信中也是一个道理：你的自信在你人生前进的道路上从来不会贬值，自信是你不卑不亢的兴奋剂，有了自信，就不要去怀疑自己了。

怀疑自我是人性的一大缺点，怀疑自我的人始终无法汇集自己的精力做事，更不用提把一件事干得多漂亮。这样的人很难摆脱失望情绪的纠缠，无法达到圆满做事的成果，终生在忧郁中度过。

自信，就像一道美味佳肴，让你垂涎三尺，而且回味无穷。自信不是靠外表的装扮得来的，内在的气质、内在的品质、内在的修养才能真正焕发出自信的光彩。

我们每个人如果想要取得他人对我们的信任，那么就要下决心除去自己的劣根性，做一个为自己的行为负责的有志青年。开始时你也许是强迫自己做，但从朋友对你态度的改变中，你会明白自己做对了，而且一定要保持下去，这样总有一天你会成为一个让大家都信任的人。

有时候，在人际交往中我们也会碰到很难缠的人，他们以权力、资力、财富、地位、经验等作为自己的靠山，表现得总比别人有优越感。和这些人打交道，很容易打击我们的自信心，不自觉地就要对他们表现得"低三下四"，一时间也没了可以聊的话题，紧张得脸都涨红了；或者你会认为自己根本无法接近对方，那么请深呼吸，让自己平静下来，排除一切"等级"差别——现代社会中人人平等，昂首挺胸面带笑容，充满自信与气度，大胆地与对方交流吧！

做人要诚实守信

如果你有良好的诚信，让别人在心里承认你、信任你，那么这就是你做好人的巨大资本。

赢得高朋满座，对别人讲诚信很重要，只有如此才能获得大家对自己的信任，与其结为朋友。只要你讲究诚信，所带来的收获要比获得千万财富更加珍贵。

诚实守信，被中华民族视为优秀的文化传统传承了下来，所以自古以来，中国人都十分注重讲信用、守信义。清代顾炎武曾赋诗言志："生来一诺比黄金，哪肯风尘负此心。"表达了自己坚守信用的处世态度和内在品格。中国人不管是历代君王，还是平常百姓历来把守信作为齐家治国、为人处世的基本品质，言必信，行必果。

东汉时，汝南郡的张劭和山阳郡的范式同在京城洛阳读书，学业结束，他们分别的时候，张劭站在路口，望着天空的大雁说："今日一别，不知何年才能见面……"说着，流下泪来。范式拉着张劭的手，劝解道："兄弟，不要伤悲。两年后的秋天，当你再望见大雁的时候，我一定去你家拜望老人，同你聚会。"

落叶萧萧，篱菊怒放，这正是两年后的秋天。张劭突然听见天空一声雁叫，牵动了情思，不由自言自语地说："他快来了。"说完赶紧回到屋里，对母亲说："母亲，刚才我听见天空雁叫，范式快来了，我们准备准备吧！""傻孩子，山阳郡离这里一千多里路，范式怎会来呢？"他的母亲不相信，摇头叹息，"一千多里路啊！"张劭说："范式为人正直，既诚实又守信，他一定会来的。"老母亲只好说："好好，他会来，我去备点儿酒。"其实，老人并不相信，只是怕儿子伤心，宽慰宽慰儿子而已。

约定的日期到了，范式果然风尘仆仆地赶来了，旧友重逢，亲热异常。老母亲激动地站在一旁直抹眼泪，感叹地说："天下真有这么守信的朋友！"范式重信守诺的故事一直被后人传为佳话。

这个故事不仅仅让我们感动，更重要的是让我们领悟其中的道理。

诚能动人，至诚可以感天。

有了诚信，才能广交真正意义上的朋友，朋友亦君子。有了诚信可以求得助自己一臂之力的贵人，扶持自己的事业走上正轨。

1969 年，美国著名的心理学家约翰·安德森在一张表格中列出了 500 多个形容做人品质的词语，他邀请近 6000 名大学生从中挑选出他们所喜欢的词语。调查结果表明，大学生们对做人品质最高评价的词语是"真诚"。在 8 个评价最高的候选词语中，其中 6 个和"真诚"有相近的意思，它们是：忠诚、诚实、忠实、真实、信得过和可靠。大学生们对做人品质给以最低评价的词是"虚伪"。在 5 个评价最低的候选词语中，其中有 4 个和"虚伪"意思相近，它们是：说谎、做作、装假、不老实。

约翰·安德森的这个调查研究结果在人际交往中具有普遍意义。生活中我们总是喜欢真诚信得过的人，讨厌说谎失信的人。日本著名的佛学大师池田大作说："一个诚实的人，不论他有多少缺点，同他接触时，心神就会感到清爽。这样的人，一定能找到幸福，在事业上有所成就。这是因为以诚待人，别人也会以诚相见。"一个人只要真诚地待人处事，保证自己的信用，就容易获得他人的合作。真诚地做人，守信地做人则容易让人接纳，能交到更好的朋友。

我们在日常生活中，更不能忽视诚实守信的现实意义。诚实守信，是一个人立于世的金字招牌。没有人会愿意和一个没有任何信誉、虚伪的人交往；相反，都愿意和信誉好、真诚的人相处。因为真诚与信誉是一种保障，和有信誉的人交往办事，可以使自己没有或是很少有损失，这会让人心里感到踏实、可靠，而不是提心吊胆、诚惶诚恐。

做到了诚实和守信，好人缘自然而然地就建立起来了，你会吸引更多的人与你结识、合作，生活的路自然宽广。

有人把诚信看得非常重要，视它为自己成功必不可少的因素，这是非常正确的。不讲求诚实，不仅仅是对别人造成损失，同时也会使自己失去很多东西，而且它还会影响与他人更进一步的交往，使人们都逐渐地远离你。

与人相处时，诚信是一个非常重要的交往原则，应该以古人为榜样，做到"言必信，行必果"。什么事情，说到做到，做不到的就不要轻易许下承诺，即使说了，以后无法再收回，也要实事求是地跟对方讲明其中的原因，求得对方的谅解。

现在有的年轻人认为，一个人的诚信建立在金钱的基础上，一个人有钱、有雄厚资本，就象征着有诚信。这种想法是对诚信的畸形理解。讲诚信在于身体力行，一个人是否讲诚信不取决于他的财富，而取决于他对待别人是否有一颗诚实守信的心。

不管在哪个时代，人都不能单独孤立地生活在这个世界上。人和人之间要有顺畅的交流、沟通，彼此寻求寄托与抚慰，这是对个体存在的认证，更是对生存状态的延续。而彼此认同的产生其实就是一个彼此真诚信任、互相接纳、多元包容的过程。作为社会的最小个体，我们不能强求别人信守承诺，但我们自己要能做到真诚守信，对他人保持一颗真诚的心，一种守信的原则。

现在，社会越来越开放，人际交往越来越频繁，要获得别人的情感认同，不断取得信任，就应该"己所不欲，勿施于人""己欲立而立人"，从小事做起，真诚待人。要知道，不管时代怎么变，诚信作为为人处世的基本准则不会变，也不能变。

诚实守信已经被人们定为一种做人的美德，人们常以讲信用来表达对人的尊敬，言而无信的人历来都受到人们的谴责。言而有信、受人尊敬的人，自然会有好的人缘，而言而无信、受人指责的人没有好人缘也是必然的。

没有人愿意浑浑噩噩地度过一生，你要想树立一个完美形象，成就一番事业，那你就一定要注意：不论大事小事，都要讲信用，不断为自己的人生银行存款，而不能透支。

既然诚信如此重要，那么我们如何才能获得别人的信赖呢？以下几点可作为参考：

第一，良好的习惯是一个人交友时所需要的一种可贵的资本。有良好习惯的人远比那些沾染了各种恶习的人更让人乐于接近。有很多人，就是因为有一些不良习惯，使得别人始终不敢对他加以信任，因此也无法和他继续交往。那些沾染了各种恶习的人，大都自己是不太清楚的，但那些与他交往、产生业务往来的人却看得很清楚，因为他们大多是很看重这些问题的。

第二，必须事无巨细，"言必信，行必果"。常言道，"君子一言，驷马难追"，就是告诉我们要注意自我修养，做事必须恳切认真，建立良好的名誉；应该随时纠正自己的缺点；行动要踏实可靠，做到言出必有信，与人交往时必须诚实无欺——这是获得别人信任的最重要条件。

第三，给自己储藏一份让人信任的资本。让别人相信你，相信什么呢，换句话说，你拿什么让人相信呢？那就是老老实实做出成绩来让人看，证明你的确是判断敏锐、才学过人、富于实干的人。一个才能平平的人把多年的储蓄都拿来投资到事业上，固然是很好的事情，但如果他在某一方面有所专长，这给人留下的印象更不知道要好多少倍。因为在这样一个企业和职业都专业化的时代，一个无所专长又样样都懂一点儿的人，与那些在某一领域有所专长的人相比，竞争力总是差那么一点点。所以，如果一个人身上有一笔最可靠的资本——在某一领域有所专长，那么无论他走到哪里，都将受人格外重视和信任。

培养良好的习惯虽然是件循序渐进的事情，而且总不是一针见血般地出效果，但是只要你有恒心，就没有什么克服不了的。

诚信是为人处世的基础。诚信就像一辆直通车，选择的是沟通心灵距离的最佳路径，唤起的是一种大家发自肺腑的参与感、共鸣感和荣誉感。

有时候，沉默也很重要

卡耐基认为，如果你很想说话，就先问自己，为什么想说话——是为了自己的利益，还是为了别人的利益。如果是为了自己，有时最好保持沉默。

在日常交往中，沉默往往会给你带来益处，在某些场合，沉默不语可以避免招惹事端。许多人在缺乏自信或极力表现过度时，可能会不假思索地说出不合适的话，给自己带来麻烦。

适时地保持沉默不仅是聪明的表现，而且也有实际的好处。常言道："沉默不会使人后悔。"

一位女士的经验证明了这一点，她说："当我们的第一个孩子出世时，我丈夫由于工作繁忙，对我和孩子疏远了。几周以后，我感到精力大耗，并想大发雷霆。

"一天我给他写了封充满怨言的信。然而不知为什么我没把信给他。第二天，丈夫提出要给孩子换尿布，并且说：'我想我现在应该学着做这些事了。'

"尽管我不知道他为什么会改变想法，但还是非常高兴地把信烧了，并暗自庆幸我给了他机会。一场争吵就这样避免了。此后，他一直对我很好。"

人们往往不善于沉默，而沉默往往是适用于各种情况的一种策略。有时片刻的沉默也会产生意想不到的效果。

有些问题根本就不值得提出来，你也不希望大动干戈地把小分歧变成大冲突。花费时间和精力纠缠于鸡毛蒜皮的分歧是不明智的，特别是那些不大可能会影响工作质量或者那些你很可能在一周或一个月后就忘记的分歧。如果冲突只涉及不重要的关系或者不会持续很久，那就可以保持沉默。

即使分歧非提出来解决不可，也需要有合适的机会。例如，如果不合时宜地向你的领导提出一个亟待解决的、新的棘手问题，可能就会徒劳无益，除非提出来的问题对手头的工作非常重要，并且确实有足够的时间来解决这个问题。但等到过了这段紧张时间，人们能集中精力研究你必须说出来的问题时再提，也许是最好的选择。

此外，当你自己或他人正在生气的时候最好对分歧闭口不谈，从长远来说这是有益的。如果你跟朋友刚发生争吵，你们两个人的情绪都很激动，那就等你们都冷静下来、能够心平气和地讨论问题的时候再安排时间交谈，只有在那个时候你们才能进行有实质意义的讨论而不是相互指责。但是，如果你推迟难度很大的交谈，一定不要无限期地拖延，否则那些没有解决的分歧一定会重新落到你头上。

什么问题必须讨论或者最好在什么时候讨论并没有一成不变的规则，而是依靠自己的判断。重要的是，你的心态应当转变，从问"现在是不是难得的、应当实话实说的时候"，转变为"现在是不是难得的、应当保持沉默的时候"。

沉默，有时候真的很有必要！

倾听，无声胜有声

现在，书店里有很多关于谈吐、口才方面的书，由此可见，人们对"说"是多么重视，不会说话就难以与人很好地交流，难以很好地表现自己，也就谈不上推销自己和推销自己的产品了，所以很多人都把会"说"看成是成功经商和做生意的基础。也许正是由于这个原因，很多人重视了"说"，而忽视了"听"，结果在交际中不太顺利。

卡耐基曾讲过一个很有意思的故事。有一次，卡耐基在纽约书籍出版商齐·马·格林伯格举行的晚宴上结识了一位著名的植物学家。他以前从来没有和植物学家打过交道。后来，卡耐基写下了这次交谈的经历：

"我发现此人非常有魅力。老实说，我是恭恭敬敬地坐在椅子上听他讲述印度大麻和室内园艺的事。他还跟我讲了关于那些不屑一顾的土豆的事。我自己也有一个小小的家庭苗圃，他还善意地指导我如何解决我遇到的一些问题。

"正如我所说的，我们是在参加一个晚宴，那里当然有几十位客人，但是我违背了所有的客套礼俗，对其他客人好像熟视无睹，只是一个劲儿地同那位植物学家一连谈了好几个小时。午夜来临，我同所有的客人道了晚安之后就离开了。那位植物学家转过身去对主人说了几句恭维我的话，说我'最富于魅力'，说我如此如此，这般这般。最后，他说今晚和我聊得很开心，度过了一个愉快的晚上。"

卡耐基后来回忆说："天哪！我几乎什么都没有说。"一个人在3个小时内几乎什么话都没有说，竟然会成为很投机的交谈伙伴，实在出人意料，但事实上又在情理之中。从植物学家来看，卡耐基是把他作为志趣相投的话友；而从卡耐基来看，他本人只是一名耐心的听众，只是不断地鼓励对方说话。

卡耐基告诉那位植物学家，他受到了优厚的款待和极大的收益——事实上也确实是这样，他希望从植物学家那里获得他以前没有接触过的知识。倾听对方的谈话，有时会很容易地得到对方的信任和好感。善于倾听会使对方心情愉悦，会换来对方的理解、信任和支持，会使对方吐露出内心的烦恼或喜悦，最重要的是，它还能使说话者感觉到自身价值的实现。俗话说："会说的不如会听的。"只有善于倾听他人讲话，才能更准确地把握说话者的意图、流露出的情绪、传播出的信息，更好地促使对方继续谈下去。

倾听，是有效的沟通过程中最强有力的办法，可是事实上却很难找到喜欢倾听的人。如果你遇到真正能听你说话的人，而且能告诉你，你所说的真正意思，而不是他以为你说的是什么，那就是珍贵的经历了。善于听别人说话的人，应该能给对方反馈，说话的人会有心照不宣之感。

道理很简单，听话者的态度会直接影响说话者的兴趣，假如你是一个说话者，而你的交流者没耐心听你讲话，或者把你的话当耳边风，随意敷衍，你绝对不会有好的感觉。相反，如果对方相当重视你的讲话，你肯定更容易和对方交流。

一个成功的"听"者首先是一个虚心向别人请教的人，他非常尊重别人，把对方摆在自己之上，无论对方是什么人，他总是认为对方必定有某些可以借鉴的东西，在某些方面高自己一筹。正因为这样，在交际中，他总是鼓励对方讲话，不断强调其中有价值的内容，让别人把自己的意思完全陈述出来。无论别人讲什么话，他都不会拒听，更不会表现出生气的情绪。

许多人没有耐心听别人讲话，因为他们是"事业家"，是"大忙人"，生活节奏太紧张。不能否认，现代社会竞争激烈，一个想成功的人要做的事太多，往往整天疲于奔命，因而时间长了，性情也变得容易暴躁、发脾气，对"倾听"显得心不在焉，甚至别人刚一启齿，还未等到对方把话说到正题上，就会予以否定，一口咬定不行，然后以十分武断的口气阐述自己的观点。这类人往往是想通过"短、平、快"的方式，以雄辩的口才显示自己的才能，在公开场合打下根基。但这样做的结果，表面看目的好像达到了，事实上却得不到别人的认同，无法建立真正的友谊，更没办法维护好自己的人际关系。

所以，听别人讲话有时候得有耐心，而有耐心是一个成功的"听"者的必备素质。有耐心绝不是默默忍受，而是时时给对方的讲话以反应，分析对方所谈的内容，并且不断让对方觉得你重视他的话，他可以轻松自信地说下去，而你也不会放过他说话的任何细节。

成功的"听"者并不是被动的，而是要善于主动出击提问题，使谈话深入下去。一方面表示自己对对方谈话的重视，另一方面也是对谈话的引导。所以"听"应该是一种主动的交际行为。一个有本事让人家把话说到底、说到实处的人，绝对是一个成功的交际高手。

学会倾听，对于听者百益而无一害。

1. 倾听，是对自己的尊重和欣赏

根据人性的特点，人们往往对自己的事更感兴趣，对自己的问题更在乎，更喜欢自我表现。一旦有人专心倾听我们谈论我们自己时，就会感到自己被重视。

倾听的好处之一是，别人将以热情和感激来回报你的真诚。善听者，可以掌握他人的心思，促进感情的交流与互动。同样，对你的回馈也是别人对你的尊重和欣赏。

2. 倾听，是对自己的保护

如果你说话过多，有可能会把自己不想说出去的秘密泄露出来。这对很多人来说，将会带来不堪想象的损失。做生意谈判时，有经验的生意人常常先把自己的情况藏起来，注意倾听对方的讲话，在了解对方情况后，才把自己的牌打出去，最后的底牌非到关键时候才亮出来。

倾听在人际关系中有重要的实用价值，可以在各种人际交往中广泛运用。但在现实中，却有很多人不能很好地运用倾听来经营人际关系。

3. 倾听，可以帮别人减压

这就是我们碰到困难的时候所必要的。心理学家已经证实：倾听能减轻心理压力。当人有了心理负担和问题的时候，能有一个合适的倾听者是最好的解决方法之一。

你帮了别人的忙，解除了他的压力，当你需要的时候，别人就会随时感恩报德的。

4. 倾听，可以促进自己

每个人都有他的长处和优点，倾听将使我们能取人之长，补己之短，同时预防别人的缺点、错误在自己身上重演。这样便能使自己更加聪明。郭沫若曾说过："能师大众者，敢做万夫勇。"

当你把注意力集中到倾听理解对方的时候，你便会很容易地摆脱掉自以为是的束缚。这样你便会成为一个备受他人喜欢的谦虚的人。

5. 倾听，帮你去沟通

人们都喜欢自己说，而不喜欢听别人说，常常是在没有完全了解别人的情况下，或对别人盲目下判断，或打断别人的话，这样便造成人际沟通的障碍、困难，甚至冲突和矛盾。

6. 倾听，化解抱怨的良方

一个牢骚满腹的人，在一个有耐心、有同情心的倾听者面前常常会软化而自惭形秽，变得宽容大度。

大智若愚，该糊涂时就糊涂

《红楼梦》中的王熙凤给了人们一个深刻的教训——聪明反被聪明误。王熙凤何等精明，简直就是女人中的极品，恐怕这世上有很多男人都不及她。她八面玲珑，外柔内刚；她笑里藏刀，表面微笑，心里却在给对方下套子。一个图上她美色的贾瑞被她的计策整得一缕孤魂上青天；一个看上她相公的尤二姐被她的两面三刀给逼得吞金自尽；而她的"偷梁换柱调包计"，则送掉了颦儿脆弱的性命。

王熙凤的能耐仿佛大得能登天，荣宁两府在她的整治下服服帖帖，一个秦可卿出殡这样的大事到了她手里简直是"小菜一碟"。她能说会道，贾府上下无人不晓她琏二奶奶，无人不给她面子。

可王熙凤却是一个精明过火的女人，精明到处处好强、事事争胜，哪儿都落不下她，终于得罪了大太太，加之贾母撒手人寰，她的靠山没了，最终"聪明反被聪明误，反送了卿卿性命"。

红学家们感慨这样一个精明能干的女人最终结局如此悲惨，全在于她毕竟没有看透官场上的处世哲学——难得糊涂；她被她的聪明、她的锋芒毕露给害了。

为人处世，是精明一点儿好，还是糊涂一点儿好，各人有各人不同的答案。但是卡耐基认为，人际交往中还是"糊涂"一点儿好，当然这种糊涂并不是真的糊涂，而是希望我们学会一点儿大智若愚的技巧，避免一些弄巧成拙的尴尬。

其实领导者的"糊涂学"就是做人的智慧，这包括了"知""情""意"三个方面的综合体现，在"知"的方面，"糊涂"就是承认人的认识的有限性，不过分依靠和卖弄自己的智慧。勿恃小智，勿弄奇巧，息竞争心，它包含了大智若愚、藏巧于拙、顺应自然、无为而治、谨言慎行、因势利导、精益求精、虚心纳谏、博采众长、居安思危、留有余地等范畴。在"情"的方面，就是安贫乐道、隐忍退让、息贪婪欲，它包含安守本分，不要凡事强做，淡泊名利、宁静致远、乐天知命等。在"意"的方面，就是淡泊明志、立身端方、守清正节，包含宠辱不惊、功成不居、严于律己、宽以待人、刚正不阿、洁身自好等。当然糊涂的范畴很广，我们在这里无法把所有的都涵盖，所以真正的大智若愚还要在日常的积累中感悟。

俄国诗人普希金年轻时，有一次在彼得堡参加一个公爵的家庭宴会。他邀请一位小姐跳舞，小姐清高地说："我不能和小孩子一起跳舞。"

普希金灵机一动，微笑着说："对不起，亲爱的小姐，我不知你正怀着孩子。"说完，他很有礼貌地鞠了一躬后离开了她。那位高傲的小姐在众目睽睽之下无言以对，满脸绯红。

在这里，如果说这位小姐拒绝普希金的邀请是高傲的话，那么在大庭广众之中故意把一个年轻人称为"小孩子"，则实在是太无礼了。对此普希金故作糊涂，佯装不知道对方话中的"小孩子"是指自己，却故意把对方的话曲解为"不能和肚中的孩子一起跳舞"，既保住了自己的尊严，又有力回击了对方。这样的回答，实在是太精彩了。

"难得糊涂"是郑板桥先生的至理名言，他对此解释为："聪明难，糊涂亦难，由聪明转入糊涂更难。放一着，退一步，当下心安，非图后来福报也。"做人过于精明，无非想占点儿小便宜；遇事装糊涂，也就吃点儿小亏。但"吃亏是福不是祸"，往往有出人意料的收获，"饶人不是疾，过后得便宜"，歪打正着，可能"吃小亏占大便宜"。有些人只想处处占便宜，不肯吃一点儿亏，总是把小事当作大事处理，到后来是"机关算尽太聪明，反误了卿卿性命"。

批评、忠告最好使用模棱两可的语言，多用一些"好像可能""看来""大概"之类的词语，留有空间，语气委婉一些。

当学生在课堂上回答不出问题时，老师不宜直接训斥学生："你怎么回事？昨天你肯定没有复习！"最好委婉地说："看来，你好像没有认真复习，是不是？还是因为有点儿害怕不知该怎么说呢？"且最好还应把批评对方的缺点、过错变成提出希望和目标，上面的话还可以说成："希望你及时复习，抓住问题的要领，争取下回做出圆满的回答好吗？"

当你约人见面时，为了表示尊重对方，显得亲和也要用模糊语言。比如说："明天上午我在家，你有空就来吧！"或者说：

"请你明天上午来，我在家等你。"如果你说得很明确："请你明天上午九点准时到我家里来。"这会让人觉得有点儿强迫的感觉。若是约请上级、长辈和异性到家里来，这样说话就更显得没有礼貌、不客气了。

由此可见，若能巧用模糊语言，将有助于维护人际关系，改善人际关系。

偶尔装装糊涂，好处还是很多的。

1. 方便了自己

人常说："给人方便，与己方便。"难得糊涂无非就是给他人方便，反过来，他人就会对你也方便。两个过于精明的人就像两只正在酣斗的公鸡一样，非要分出个你赢我输来，这于健康的身心是没有什么好处的。

如果你是一个处处斤斤计较的人，总是圆睁双眼，提高警惕地生活，这样不累吗？你没有身心疲惫的时候吗？不妨像一个大智若愚的人那样难得糊涂一下！

2. 平和了自己

生活中的许多小事，如果我们采取难得糊涂的态度，睁一只眼闭一只眼，很容易大事化小，小事化了。而如果你一点儿都不"糊涂"，一是一，二是二，矛盾、冲突，甚至头破血流都有可能发生。

生活中有很多精明的人总是喜欢揪别人的"辫子"，抓紧别人的缺点，以为这样做能显示自己比他人高明，实际上这样容易造成两个人关系疏远、分道扬镳，甚至反目成仇。

3. 快乐了自己

与人交往、处世的关键要使人心情愉快，而心情愉快是人际交往成功的前提，有时难得糊涂可以让一个人心态平和。

如果你是一个牙尖嘴利、眼疾手快的人，你可能会发现一些别人注意不到的东西，如果你一笑置之，不加刨根问底，不久你也许会忘掉这些东西，而一旦你觉得自己必须指出来，非要给他人一个明示，这样既弄得他人满心不快活，恐怕你自己的心也难以平静下来。

人生是个万花筒，个人在那变幻之中要用足够的聪明智慧来权衡利弊，以应付变化多端的世界。但是，有时候不如以静观动，守拙若愚。这种处世的艺术其实比聪明还要胜出一筹。聪明是天赋的智慧，糊涂是聪明的衣装，人贵在能集聪与愚于一身，需聪明时便聪明，该糊涂处且糊涂，灵活机智。孔子论人，以智、仁为美，正所谓："智者乐水，仁者乐山；智者动，仁者静。"朱熹在《四书集注》中解释为："智者达于事理而周流无滞，有似于水，故乐水；仁者安于义理而厚重不迁，有似于山，故乐山。"聪明与糊涂之间，你选择哪一种？

心平气和，少惹是非

《红楼梦》里的林妹妹就不善与姐妹们相处，到最后，谁都知道她小心眼儿，事事得让着她点儿。一次，林黛玉与贾宝玉正说话，湘云走来，笑道："二哥哥、林姐姐，你们天天一处玩儿，我来了，也不理我一理。"黛玉笑道："偏是咬舌子爱说话，连个'二'哥哥也叫不出来，只是'爱'哥哥，'爱'哥哥的。回来赶围棋儿，又该你闹'幺爱三四五'了。"宝玉笑道："你学惯了她，明儿连你还咬起来呢。"史湘云道："她再不放人一点儿，专挑人的不好。你自己便比世人好，也犯不着一个打趣一个。指出一个人来，你敢挑她，我就服你。"黛玉忙问是谁。湘云道："你敢挑宝姐姐的短处，就算你是好的。我算不如你，她怎么不及你呢。"黛玉听了，冷笑道："我当是谁，原来是她，我哪里敢挑她。"宝玉不等说完，忙用话岔开。

这位林妹妹的做法实在不明智，稍不合自己脾胃的话，便反唇相讥，哪里还会当面称赞别人比她好，所以有时她病了、闷了，盼个人来说话，就算姐妹们来问候她，说不得三五句话又觉得不耐烦了。虽然大家知道她受不得委屈，不苛责她，但是心中是不喜她这么做的，以至于后来容忍大度的宝钗成了众望所归的对象，黛玉未免落了单。

如果林妹妹心平气和，凡事不挑事端，不去得罪姐妹们，那便会是另一种结局了。

当别人正在气头上的时候，你千万不能以刚克刚，添油加醋，烧旺对方的火焰，那你只能"吃不了兜着走"。最好的办法就是：心平气和，以柔克刚。

"以柔克刚"，是和一个大发脾气的人相处的最好办法。对方愈是发怒，你应愈发镇定温和；愈是紧张的场合，愈应保持头脑理智。这样，你才能发觉对方因兴奋过度而显露的种种弱点，而一一加以攻破。

这就好比瓦沟里淌下的流水，一点一滴地落在坚硬的巨石上，最初还未见得有什么变化，久而久之，巨石就会出现漏洞，甚而断裂。这就是滴水所"爆发"出的威力。

奥斯卡奖获得者、好莱坞明星保罗·纽曼，早期曾拍过一部失败的影片《银酒杯》，他的家人也不留情面地称之为"一部糟糕的影片"。若干年之前，洛杉矶电视台突然决定重新在一周内连续放映该片，显然是有意在公众面前破坏他的形象。

纽曼对此经过冷静思索后，来了个出其不意，后发制人。他自费在颇有影响的《洛杉矶时报》上连续一周刊登大幅广告："保罗·纽曼在这一周内每夜向您道歉！"此举轰动全国，他不仅未因此出丑，反而受到绝大多数人的好评，从而声誉大增，好评如潮，后来他终于获得第59届奥斯卡奖。

纽曼的胜利取决于冷静、心平气和。在当众受辱之后，既不火冒三丈、怒发冲冠，也不萎靡不振，他保持冷静，仔细、认真地分析面临的困境和挑战，找出主要矛盾，然后奋起反击。公开坦然承认自己过去的失败，非但丝毫无损于自己的利益，反而使对方陷入被动的境地，暴露出居心叵测的险恶用心。

如何让自己心平气和地与他人相处呢?

1. 轻声细语

这种语调可以表现说话者的尊敬、谦恭、文雅和谨慎。在和别人交谈时，轻声细语可以缩短人与人之间的感情距离，拉近双方的关系。有时，它还能避免一些可能会招致的麻烦。当然，用这种语调来坚持意见、回驳对方、维护正义和尊严或表示强调是万万不行的。

2. 慢条斯理

这种语调宛如柔和的月光、涓涓的泉水，由人心底流出，轻松自然、和蔼亲切、不紧不慢，能给听者以舒适、安逸、柔和、亲密、友好、温馨的感觉。人们在请求、询问、安慰、陈述意见时常使用这种语调，它可以表现男性的文雅大度和女性的阴柔之美，尤其是在抒发情感时，这种柔声和气的运用更具有一种迷人的魅力。

该说"不"时就说"不"

陈郁是大学教师，住在校内教工单身宿舍内，平时学校的教学任务不是很重，因此陈郁在业余时间也常常给出版社或期刊编编书，写写稿子，所以每当接到一个任务后就会有段时间忙得不可开交。

她的朋友倩倩正在读在职研究生，因为学校离家很远，所以有课的时候由于回家不方便就经常住在好友陈郁那里。倩倩平时工作也很忙，碰到学校课多，作业又堆积如山的时候，她总是求陈郁帮她完成作业，陈郁哪怕熬夜也会帮倩倩完成。

但有一次的情形是，陈郁过两天就要交稿，眼看着火烧眉毛了，这时倩倩又来求救了。

陈郁望着朋友无助的眼神和哀求的话语，实在下不了狠心拒绝她，但自己的事又实在是迫在眉睫，这令陈郁左右为难。

到底该怎么办呢？是"行"还是"不"呢？

事实上，那些顾于情面不敢说"不"的人，其实是自己意志不坚。这些意志不坚的人，通常认为断然拒绝对方的请求未免显得太过不留情面，而若是在答应后由于客观条件，难以履行诺言时，再改变心意拒绝对方，显然为时已晚。因为，等无法做到允诺的事情，再提出拒绝，给人的印象会是反复无常，甚至需要付出一定代价去弥补缺失或兑现承诺。如果这件事只限于个人的烦恼，还称得上不幸中的大幸，若因此事而与要求请托的对方发生不愉快的情形，甚至产生怨恨、敌视，演变成双方人际关系上的矛盾与冲突，岂不得不偿失？

生活中对于别人拜托你而你又力不能及的事，究竟该如何面对呢？简单地说，只要有足够的勇气和智慧，该说"不"时就说"不"，你就能轻松过关了。

固然，一开始即斩钉截铁地说"不"，确实会惹对方不满，然而不要因此而放弃表示拒绝的权利。即使这样做会影响他人对自己的期望或好感也应如此，何必勉强自己成为偶像型的人物呢？

人要想活得轻松，最好不去承受无谓的"包袱"，不要因为拒绝了别人而有愧于心，不要为说自己对别人的请求无能为力而感到难为情，不要因为扫了别人的面子而尴尬，不要违背自己的意愿去硬充大头，不要怕扮黑脸。

拒绝人家不得法，实在太冒险了。例如一个品行不良的朋友来向你借钱，你知道如果借给他是"肉包子打狗，有去无回"；一个相熟的商人向你推销物品，你明知买下就要吃亏……诸如此类的事，你要毫不犹豫加以拒绝，可是拒绝之后，就要断交情，被人误会，甚至埋下仇恨的种子。

要避免这种情形发生，最好的方法便是要运用些智慧。学习这种拒绝的方法，要注意：

你应该向对方陈述自己拒绝的理由。

拒绝的言辞最好坚决果断，不可游移。

不要把责任全推给别人，含糊其辞。

千万不要伤害他人自尊心，否则对方会迁怒于人，让对方明白你的拒绝是在万不得已的情况下说出的，很是抱歉。

怎样才能既拒绝别人又不得罪对方、不恶化相互关系呢？

1. 说"不"之前先倾听

拒绝对方之前先要认真地倾听。比较好的做法是，请对方把困难与需要讲得更明白一些，自己才知道如何帮他；接着表示你了解他的难处，若是你设身处地，也一定会如此。

倾听有好几种意义。倾听能让对方有被尊重的感觉，在你婉转表明自己拒绝他时，可以多少避免伤及他的感情，不会让对方产生你在应付的错觉。

如果你拒绝对方的原因是因为自己的工作负荷过沉过繁，倾听可以让你清楚地界定对方的要求是不是你所能承受的。

有时候听完对方的请求，你会发现帮助他有利于提升自己的能力并增加经验。这时候在兼顾目前工作的原则下，牺牲一点儿自己的休闲时间来帮助对方，对自己的职场生涯肯定有帮助。

2. 说"不"的态度要柔和而坚定

倾听之后，确定自己不能帮助对方时，就要柔和而坚定地说"不"，而不要模糊不清，更不能因为碍于面子而违心地先答应对方。或许你怀着侥幸心理，认为自己可以帮忙，或者你认为他自己能解决，到时候就不会找你麻烦了。这种想法千万不可取。试想，如果你先答应，到时候却不能遵守诺言，而且也耽误了对方的事情，你又如何对得住你的朋友呢？到时候一切已成定局，恐怕你怎么道歉，也无法挽回什么，尤其是你们之间的友谊！所以当你仔细倾听了朋友的要求，并认为自己应该拒绝的时候，说"不"的态度必须是柔和而坚定的。

3. 幽默周旋

罗斯福还没有当选美国总统时，曾在海军担任要职。一天，一位好友由于好奇，向罗斯福问起海军在加勒比海一个小岛上建设基地的情况。罗斯福谨慎地向四周看了看，对着朋友的耳朵小声说："你能保密吗？""当然能，谁叫咱们是朋友呢？"朋友挺有诚意地回答。"我也能，亲爱的。"罗斯福一边儿说，一边儿对朋友做个鬼脸，两人顿时相视而笑。

可见，如果以幽默的方式拒绝，气氛会马上松弛下来，彼此都感觉不到有不快。

4. 替代拒绝

有人请你看一场电影而你并不感兴趣，你怕直说会扫他的兴，你不妨提个别的建议来表示你的拒绝："谢谢，不过今晚的篮球联赛已进入决赛，我们还是看篮球赛吧，你觉得怎么样？"

当别人向你提出某种要求时，有时会通过迂回婉转的方式，绕个弯子再说出自己的本意，如果你在他说到一半时就知道了他的意图，并清楚自己不能满足他的要求时，不妨把话题岔开，说些别的，让他知道这样做会让你为难，他也就会自觉没趣了。

5. 反弹拒绝

这种方法是别人以什么样的理由向你提出要求，你就用什么理由来回绝，让对方哑口无言。

在《帕尔斯警长》这部电视剧中，帕尔斯警长的妻子出于对帕尔斯的前程和人身安全着想，企图说服帕尔斯中止调查一位大人物虐杀自己妻子的案子，最后她说："帕尔斯，请听我这个做妻子的一次吧。"他却回答说："是的，这话很有道理，尤其是我的妻子这样劝我，我更应该慎重考虑。可是你不要忘记了这个坏蛋亲手杀死了他的妻子！"

6. 借口拒绝

当一位你并不喜欢的人邀请你去看电影时，你可以有礼貌地说："我老爸要我回家练球呢！"这种说法隐藏了个人的想法，而用其他原因做借口，从而减轻对方的失望和难堪。

朋友、家人、亲戚找你办事，对于那些自己深感头痛又无能为力的事情，拒绝他人总是令人难以开口，进而使自己处于左右为难的境地。所以，学会拒绝也是对自己的一种保护。

的确，拒绝别人是件容易伤感情，可能导致尴尬局面的事情，但如果注意话语的含蓄和否定的策略，就可以避免这些情况的发生，使生硬的否定也有一副温柔的面孔，从而在轻松愉快的气氛中完成拒绝。

不要随随便便生气

每当看到美元票面上华盛顿的肖像时，看着他白色卷发映衬下那平静、自信的面庞，你大概难以相信他年轻时曾有一头红发，有老虎般的脾气。要是他后来没有学会靠自控力改变自己的坏情绪，那恐怕就无法成为叱咤风云、率领没有受过训练的民兵战胜英军的领袖，恐怕他也不会成为美国历史上第一任总统。

如果你偶遇门被砰然关上，玻璃杯被砸碎，被人无情地指责，工作时犯了一些不该犯的错误之时，我们的情绪会是什么样呢？

也许你会怒发冲冠。你可能会认为发怒是你生活的一部分，可你是否知道这种情绪根本就无济于事，反而情况会更糟糕。也许你会为自己的暴躁脾气辩护说："人嘛，没有个性怎么做人啊！"或者说："我要不把肚子里的气发出来，非得憋出病来不可。"尽管如此，愤怒这一行为可能连你自己也不喜欢，更别说别人了。

同其他所有情感一样，情绪是你思维活动的结晶。它并不是无缘无故产生的。当你遇到不合意愿的事情时，你认为事情不应该是这样的，这时开始感到沮丧，尔后便是一些冲动的伴随动作，这是很不明智的。痛苦的感受会侵蚀掉我们的自尊。我们也许有洞察力、先见之明、后见之明，然而只要有人碰触到我们敏感的枢纽，或是悲剧发生，这些都会在一瞬间消失得无影无踪。

愤怒既是你做出的选择，又是一种习惯，它是你经历挫折的一种后天性反应。你以自己所不赞成的方式消极地对待与你意愿不相一致的现实。事实上，极端愤怒是精神错乱——每当你不能控制自己的情绪时，你便有些精神错乱。因此，每当你气得失去理智时，你便暂时处于精神恍惚状态，而这是成功做事的大忌。

简单说那些不能控制情绪的人，给人的印象就是不成熟，像个孩子。这种行为发生在孩子身上，人们会说天真、淘气。但是这种行为发生在一个成年人身上，人们就不免对这个人的人品感到怀疑了，就算没有把他当作是神经病，至少也会认为他还不成熟稳重。如果你还年轻，尚可原谅，如果已经工作了好几年，或是已经过了30岁，别人也许会因此对你失去信心。除了认为你"还不成熟"之外，别人也会认为你没有控制情绪的能力，这样的人一遇到不顺就哭，一不高兴就生气，这样能成大事吗？这已经严重影响到人们对你能力的评价了。

成大事者不会让愤怒情绪成为绊脚石。历史上有好多这样的事例，能压下怒火的人多半能成功，而凭着这一怒之气行事的人则大多失败了。

三国时期，关云长失守荆州，败走麦城被杀，此事激怒刘备，遂起兵攻打东吴，众臣之谏皆不听，实在是因小失大。正如赵云所说："国贼是曹操，非孙权也。宜先灭魏，则吴自服，操身虽毙，子丕篡盗，当因众心，早图中原……不应置魏，先与吴战。兵势一交，不得卒解也。"诸葛亮也上表谏止说："臣亮等切以吴贼逞奸诡之计，致荆州有覆亡之祸；陨将星于牛斗，折天柱于楚地，此情哀痛，诚不可忘。但念迁汉鼎者，罪由曹操；移刘祚者，过非孙权。窃谓魏贼若除，则吴自宾服。愿陛下纳秦宓金石之言，以养士卒之力，别做良图。则社稷幸甚！天下幸甚！"可是刘备看完后，把表掷于地上，说："朕意已决，无得再谏。"他执意起大军东征，最终导致大败，落荒而逃。

要想做一个成功的人士，要想经营好你的人际关系，控制自己的情绪很重要。

控制自己的情绪，改正自己急躁的行为方式，压倒心中萌生的不良意念和动机，是每一个人必须做到的。只有学会克制情绪，提高自制力，才能不被情绪所左右，才能冷静地分析问题和解决问题，才能取得更大的成功。

培养自制能力最重要的一点是形成良好的、自制的生活习惯。习惯的力量是巨大的，养成一些好习惯，你会终身受益，但要是溺于坏习惯而不能自制，就会不知不觉地把自己推向失败。不良的习惯则可以为你设下失败的陷阱，使你走向毁灭的深渊。如果你能把自己身上的坏习惯都改掉，你也就具备了一定的自制能力。

感情应时时受到理智的支配，一个情绪性太强的人大多被认为神经质，这种人易给他人造成不合群的感觉，人缘也便随之而去。只有言谈举止始终保持正常，在公开场合随圆就方，才会获得别人的认同。这种随圆就方，是赢得好人缘的又一个原则，也是你维护人际往来的方法。

做到善解人意

研究社交之道，不可忽略人性的百态，否则动辄得咎，四处碰壁。在我们的现实社会中，能够做到人情通达，当然会受人欢迎，这是很明显的现实。

人情通达，首要条件就是"善解人意"。如果你不能站在对方的立场上悉心为别人着想，就永远不会交到真正的朋友，即使勉强自己去亲近别人，也只是表面上的敷衍、应酬。久而久之，别人就能洞察你的客气和笑容完全是虚伪的交际、应付，如此一来，你刻意维系的社交关系，不就等于徒劳无功吗？

善解人意是人与人之间沟通的桥梁。要想成就一番事业，就必须学会理解，在理解别人的同时，也获得了别人的理解，这样可以有效地弱化人与人之间尖锐的矛盾，建立一种相互合作的关系，从而找到事业上的好伙伴、好帮手。

善解人意虽不是一件难事，但要做到面面俱到，倒也不是件简单的事，因为与人交往不像演算数学一样，有一定的公式可参照，不过往来之中，应在某种程度上有其基本表现，它不但代表一个人的道德修养，还说明了这个人的聪明智慧。所以如能真诚地做到理解他人、关心他人、爱护他人，那么不管我们出现在任何社交场合，都绝不会失礼。

"当今，成千上万的推销员拖着沉重的脚步在人行道上蹒跚，疲乏、沮丧、收入不高。为什么呢？因为他们只考虑自己的愿望……如果推销员能够向我们说明他的服务或他的商品能够帮助我们解决问题，那么他用不着宣传，也用不着卖，我们就会向他买。"卡耐基的这段话向成千上万的推销员说明了一个道理，同时也给了我们一个提醒，自己不理解别人，别人如何能理解你呢？

我们再来看看卡耐基的亲身体验：

"多年来，我经常在我家附近的一处公园内散步和骑马，作为消遣和休息。我跟古代高卢人的督伊德教徒一样'只崇拜一棵橡树'。因此，当我一季又一季地看到那些嫩树和灌木被一些不必要的大火烧毁时，觉得十分伤心。那些火灾并不是吸烟者的疏忽引起的，而几乎全是由那些在公园野餐、在树下煮蛋和做'热狗'的小孩子们引起的。有时火势太猛，甚至要惊动消防队来扑灭。

"在公园的一个角落里，立着一块告示牌：任何使公园内起火的人必将受罚或被拘留。但告示牌立在一个偏僻的角落里，很少有人看到。公园里有骑马的警察，本应该照顾公园才对，但他们并未尽职。火灾继续在每一个季节里蔓延。有一次，我慌慌张张地跑到一位警察面前，告诉他公园里有一处着火了，希望他赶快通知消防队，但他竟然漠不关心地回答，这不关他的事，因为那儿不是他的辖区！我真失望。从此，我再到公园骑马的时候，就像一名自封的管理员那样，试图去保护公共财产。

"刚开始，我并不试着去了解孩子们的想法，一看到树下有火，心里就很不痛快。我总是骑马来到这些孩子面前，警告说如果他们使公园发生火灾，就要被送进监牢去。我以权威的口气，命令他们把火扑灭。如果他们拒绝，我就威胁说要叫人把他们抓起来。我只是尽情发泄我的怒气，根本没有顾及他们的看法。

"结果呢？那些孩子服从了——不是心甘情愿而是愤恨地服

从了。但等我骑马跑过山丘之后，他们很可能又把火点燃了，而且恨不得把整个公园烧光。

"随着年岁的增长，我对为人处世有了更多的知识，变得通情达理，更懂得从别人的观点来看事情。于是，我不再下命令了，我会骑着马来到那个火堆前，说出这样一番话：'玩儿得愉快吗？孩子们。你们晚餐想煮点儿什么？我小时候也很喜欢烧火堆，而且现在还是很喜欢。但你们应该知道，烧火在这个公园里是十分危险的，我知道你们几位会很小心，但其他人可就不这么小心。他们来了，看到你们生起了一堆火，因此他们也生起了火，而后来回家时却又不把火熄灭，结果火烧到枯叶，蔓延开来，把树木都烧死了。如果我们不多加小心，以后我们这儿会连一棵树都没有了。但我不想太啰唆，扫了你们的兴。我很高兴看到你们玩儿得十分愉快，可是，能不能请你们现在立刻把火堆旁边的枯叶子全部拨开。另外，在你们离开之前，用泥土，很多的泥土，把火堆掩盖起来。你们愿不愿意呢？下一次，如果你们还想生火，能不能麻烦你们改到山丘的那一头，就在沙坑里起火。在那儿起火，就不会造成任何损害……真得谢谢你们，孩子们！祝你们玩儿得愉快。'"

显而易见，善解人意绝不是用来表演以求实利的，而是在日常生活中，体现人与人之间和谐相处的精神。

人非草木，孰能无情？当我们以诚恳真挚的心设身处地从别人的立场出发，同时也注意每一待人处事的细节，很自然地，别人会感受到我们的真情，也会伸出友善的双手，彼此间更友爱，相处更融洽，合作更紧密。

肯尼斯·库第在他的著作《如何使人们变得高贵》中说："暂停一分钟，把你对自己事情的高度兴趣，跟你对其他事情的漠不关心互相作比较。那么你就会明白，世界上其他人也正是抱着这种态度！这就是，要想与人相处，成功与否全在于你能不能以同情的心理，理解别人的观点。"

能理解别人的人，必然在行动上宽容豁达、体贴别人，会赢得更多人的理解，从而树立一个良好的形象。

青年人要成就一番事业，没有支持和帮助是难以"独木支厦"的。只有正确认识到这一点，正确认识自己，从自身出发，乐于助人，能与他人同甘共苦，这样才有机会获得别人的帮助，从而成就一番事业。

要想获得别人的帮助，要率先做到真心真意地善解人意。

饰外修内，毋虚有其表

人类是过群体生活的，每一个个体的努力，都会影响到社会的进步；每一个人的身心健康，也都是社会康乐的基石。个体与社会，具有息息相关的密切关系，这是人类的一种特质。我们该如何发挥这种特质呢？这需要培养我们内在的智慧，修好我们的内心。如此我们就能做到正直为人，宽容待人，拥有良好的人际关系，收获友情。

修好内心很重要，心正是我们立世的根本。心正可以使我们不犯迷糊，不迷失方向。

小芬今年 24 岁，护校毕业后不到半年就来到一家大医院实习。外科马主任看中了小芬，想栽培她。

小芬聪敏伶俐很能干，马主任十分欣赏她。可小芬有个"缺点"，做事总是一丝不苟，有时爱较真，认"死理儿"。因此科室的人对她评价不一，有的说她固执得可爱，有的说她骄得可恨。但马主任偏偏喜欢她这种正直的品格，并常常说她是个好苗子。

马主任平时很严厉，护士动作稍慢了些便会挨批评。有一次，马主任亲自主刀抢救一位腹腔多脏器受伤的重伤员，器械护士正好是小芬。复杂艰苦的手术从中午进行到黄昏。手术顺利成功，当马主任宣布关腹时，小芬突然喊："且慢关腹，少一块纱布。"

马主任问："一共多少块纱布？"

小芬说："十块。"

"现在多少？"马主任问。

"九块。"小芬回答。

"你记错了，"马主任肯定地说，"我已经都取出来了，手术已经大半天了，立刻关腹。"

"不，不行！"小芬突然提高嗓门，"我记得清清楚楚，手术中我们用了十块纱布。"

马主任这位资深的著名外科专家似乎生气了，果断地说："听我的，关腹，出事我负责！"

小芬又认"死理儿"了："您是主治医师，您不能这样做！主任，我们是救死扶伤的医生，再说这位伤员是为了挽救国家财产而英勇负伤的，他是英雄啊！"她坚决反对关腹，要求重新探查。直到此时，马主任的脸上终于浮起一阵欣慰的笑容。

马主任点点头，接着他欣然松开一只手，向所有的人宣布："这块纱布在我手里。你是一位合格的手术护士，能当我的助手。"

小芬用她正直的品格赢得了信任。

端正的品格，是人生的桂冠和荣耀。它是一个人最宝贵的财富，也是一个人在信誉方面的全部支柱。一个人的品格比其他任何东西都更显著地影响着别人对他的信任和尊敬。要想成为一个真正的成功者，应注重自己的品格修养。

第五章
DI WU ZHANG

话说得有水平，

需要高情商

用称谓拉近关系

在和陌生人接触时，一个比较关键的细节就是该如何称呼对方。称呼得好，就可以迅速拉近彼此之间的心理距离，使双方很快建立友好关系；称呼得不到位，双方还是会保持距离，关系难以发展。对于一些比较大众化的称呼来说，一般也不要使用，这会使对方感觉你和别人完全一样，没什么特别的，你们之间的关系也是一般而已。所以你应该使用一些比较特别的、让别人感觉亲近的称呼，来迅速改变你们的关系。

在平常生活中，你可能听到过这样的话，也可能对别人说过这样的话："不用称我老师，叫我名字就行了。"听了这话或说了这话，你或他（她）便感觉彼此的关系进了一步。在爱情片中，我们常常看到男女主人公这样的对白："不要叫我××，叫我阿×吧。"看到这儿你就知道，两人的关系发生了变化，至少某一方希望另一方认为两人的关系发生了变化。为什么会这样呢？因为彼此的称呼与彼此的心理距离有关。也就是说，两个人之间称呼的改变，通常意味着两个人心理距离的变化。

众所周知，对初次见面的人，一般会称呼对方的姓加上头衔，如某某经理、某某大夫、某某老师等，而不直接以名字相称。时间长了，相处久了，熟悉了之后才会直呼其名。也就是说，以名字相称是建立在两个人相对亲密的关系上的。当两个人心理上的距离愈来愈靠近时，他们的称呼法也会从姓加头衔，然后到名，再到昵称。

我们也常常看到，某个人与另一个人虽然见面不久，关系不算亲密，但他也以名字或昵称来称呼对方，意味着他希望尽快拉近与对方的关系。这也是政治家们将对手"化敌为友"的常用手法。面对一个从未谋面的人，他们也能够用一种非常自然、非常亲切的口吻喊出对方的名字。

这种通过改变称呼来拉近彼此间心理距离的方法，在销售行业也广为所用。

有一个业务推销员，一次要去拜访一位房地产公司的老总。房地产公司有位前台小姐叫钟晓慧。钟晓慧作为一位接待小姐，每天都要接触不少访客，她可以清楚地区分哪些人亲切或哪些人不亲切。推销员要想见到老总，必须先过了她这一关。

第一次拜访时，推销员以锐利的眼神专注地看着她胸前的名牌，然后神采奕奕地和她打招呼："钟小姐，我是李总的朋友，我有很重要的私人事情要和他谈。""对不起，今天李总吩咐不见客。"钟晓慧一点儿都不给他面子。

第二天，推销员又来了。他这次改变了风格，在彼此熟悉之后，他说道："呀，改变发型了，很配合你的风格嘛，以后就叫你'晓慧'好了。晓慧，我今天有重要的事情得跟李总谈，请转告一声。"他说完后热切地看着钟晓慧。钟晓慧这次变得非常爽快，同意带他去见李总。

一般而言，某某小姐是比较正式的称呼，如果总是用这样的称呼，给对方的感觉是你始终和她保持着距离，她自然就要和你也保持距离了。但是，直接称呼对方的名字，是关系很好的朋友之间才用的，推销员很自然地改变称呼，便会迅速拉近彼此之间的距离，加深双方之间的感情。可见，如果总是局限于陌生人的礼仪，你是根本无法再进一步加深两个人的感情的。要想与陌生人迅速建立关系，或者改变你与朋友、顾客、客户之间的关系，就要改变你对他们的称呼，用一些亲切的称呼来拉近彼此的距离。

当然，就一般的场合而言，如何改变称呼还是要看具体情况，并不是越早改变称呼就越好，也不是一上来就直接称呼对方名字就好，你应该根据双方关系的进展情况来随机应变。有时你必须用一段时间让对方慢慢习惯，不要太过急躁，否则会显得轻浮。在改变称呼时要不留痕迹，尽显自然。例如胡雪岩在初次拜见稽鹤龄时，先是称对方为"稽大哥"，然后称"老兄"，最后又改为"鹤龄兄"，在不露声色中就将彼此的关系接近，这种高超的交际手法着实令人叹服。

在生活中，这种交际方法也常为我们所用。比如遇到一个不太熟悉的朋友，你试图接近他，不妨直呼其名或者请他直接叫你的名字。面对你的同事，你希望与他走得更近，不妨偶尔称呼他的昵称或让他称呼你的昵称。当然，你要表现得尽可能自然，不要让对方感觉你是在装腔作势。这样的话，你们的距离就能因此而拉近。

拉近距离，别吝啬可以说的"秘密"

你有没有发现，越是功成名就的人，就越喜欢别人说起他曾经的趣事。这些趣事在当时也许是件不是很光彩或是不太雅的事，他都会觉得有意义。在与人交往时，如果某人的身份地位比你高，当他透露些小小的弱点，你一定会觉得跟他亲近许多。美国总统候选人史蒂文森的裤底破了一个洞，这个小秘密风靡了全国；前美国总统布什承认自己不敢吃花椒菜，也让全美国人津津乐道；而奥巴马总统的亲民形象，更是由于第一夫人米歇尔常常曝光他的"丑事"："那个家伙并非如此令人敬佩，他也有毛病。总把袜子塞到脏衣服里，铺床的时候他还不如我们 5 岁的女儿萨沙。""就在今天，他早餐时用完黄油后就不管了。我只好说：'这可是你自找的，别怪我又唠叨，你为什么就不能把黄油罐盖上？'"

事实上，这种用小秘密交换友谊的办法是经营人际关系的高手最爱使用的，他们深知人人都有知晓别人小秘密的兴趣。那些善于与人打交道的人，即使与对方并不熟悉，也会创造一种亲切的气氛，必要时"暴露"一些自己的小秘密，拉近彼此的距离。研究交际心理学的人士指出，让别人看到你的缺点或弱点，别人才会觉得你真实可信，不存虚假，从而产生亲近感；反之，完全把自己"藏起来"，就会使人觉得有距离感。

小敏是同宿舍中最擅长交际的一个，人也长得漂亮。但同宿舍甚至同班的其他女孩都找到了男朋友，唯独漂亮、擅长交际的小敏仍是独自一人。

为什么呢？她身边的同学都表示，她太神秘了，别人很难了解她。和她有过接触的男同学也说，刚开始和她交往时，感觉她是个活泼开朗的女孩，但时间一长，就发现她很自私。

原来，小敏一直对自己的私生活讳莫如深，也从不和别人谈论自己，每当别人问起什么时，她就把话题岔开，怪不得同学们都觉得她神秘呢！

有些人社交能力很强，他们可以饶有兴趣地与你谈论国际时事、体育新闻、家长里短，可是从来不会表明自己的态度。而一旦你将话题引入略带私密性的问题时，他们就会插科打诨，转移话题。当自己处于明处，对方处于暗处，你一定会感到不舒服。自己表露情感，对方却不和你交心，你一定不会对他产生亲切感和信赖感。

在生活中，有的人知心朋友比较多，虽然他们看起来不是很擅长社交。如果你仔细观察，会发现这样的人一般都有一个特点，就是为人真诚，渴望情感沟通。他们说的话也许不多，但都是真诚的，所以他们总能交到真心的朋友。当他们有困难的时候，总会有人来帮助，而且很慷慨。当一个人向你表白内心深处的感受，你可以感到对方信任你，想和你达到情感的沟通，这就会一下子拉近你们的距离。

实际上，人和人在情感上总会有相通之处。如果你愿意向对方适度袒露，总会发现相互的共同之处，从而和对方建立某种感情的联系。向可以信任的人吐露小秘密，有时会一下子赢得对方的心，赢得一生的友谊。

心理学家在纽约市的广播节目中介绍了三位候选人后，要求听众从中选出一个人来。关于这三位候选人的情况，首先介绍了第一位，他具有政治家的资历、学历和人品。然后介绍了第二个人的政治经历及实际工作成绩。关于第三位候选人，只介绍了他的私生活，例如他非常疼爱孩子，爱吸烟，每天带着狗去散步等。

投票的结果是第三位候选人获得了压倒性的胜利，尽管选民们不知道他作为政治家的能力如何。这大概是因为这位候选人让选民们感到他最容易亲近的缘故吧。这个实验表明，选民们投票时的判断基准，比起政治来，他们更重视候选人是否让他们感到亲切。这个心理实验还告诉我们，要让一个人对你感到亲切，就应该与对方进行具有人情味儿的交流。

三木武吉曾经是日本很有名的政治家。第二次大战后第一次竞选时，他曾到川备县的高松市去演讲。当他讲到"战后的日本怎样才能马上恢复建设"时，突然听众席中传来一个妇女的喊声："喂，三木武吉，你不是娶了六个老婆吗？像你这样的人怎么能治理好日本呢？"

三木武吉听后没有惊慌，他镇静自如地回答道："这位女士，确实如此，我年轻时是个享乐主义者，娶了好几个妻子，而且战争中也常带着她们东躲西藏地避难，这可以说是男人的劣根性。但现在，她们都已经人老珠黄，不中用了。如果我把她们抛弃了，今后谁来养活她们呢？还有一点你说得不正确，是七个，不是六个。"听了他的回答，全场立即响起了热烈的掌声。选举的结果是三木武吉以压倒性高票当选。

　　在谈话中，三木武吉巧妙地透露了自己的小秘密，使选民的反感情绪变成了对他的亲切感和好感，从而获得选民的支持，最后大获成功。

　　如果在与人交往的过程中，稍稍透露一点儿你的小秘密或缺点，反而能使对方对你产生好感。如果把自己打扮成神秘的角色，对自己的事情完全隐瞒，那对方肯定认为你并不信任他，认为你没有把他当成朋友，没有把他当成知音，自然而然地，对方不会亲近你，更不要提办事情了。如果对方不喜欢你，那就先跟他聊聊你自己吧，那些你生活中鲜为人知的琐事往往就能软化对方的心。

　　不过，还是要注意以下几个要点：

　　（1）你所说的秘密一定要是无伤大雅的小事。

　　（2）这些小事是无心的错误或者是与生俱来的。

　　（3）不会伤及对方的自尊及影响对方的事业、声誉。

发现值得称道之处，夸就夸到点子上

良言一句三冬暖，没有人不喜欢听赞美的语言。对他人发自内心地赞美，既能使对方感到愉快，自己也会感到心境开朗。掌握了恰到好处地赞美他人的技巧，会让别人更加欣赏你，喜欢与你相处。就像英国大戏剧家莎士比亚说的："你希望别人有某种优点，你就赞美那人拥有你希望于他的优点。"

当我们的赞美正合对方心意时，会加倍成就他们自信的感觉。这的确是拉近距离的有效方法。换句话说，能夸到点子上的赞美，作用是最大的。

怎样发现别人值得称道之处呢？

日本最具影响力的业务员齐藤竹之助说："想轻易发现每个人身上最普遍的弱点，是很简单的事情，因为你只要观察他们最爱谈的话题便可以知道。因为言为心声，心中最希望的，也就是他们嘴里谈得最多的。你就在这些地方去挠他，一定能挠到他的痒处。"

某地有一家历史悠久的药店，店主洛克具有丰富的经营经验。当他的事业蒸蒸日上时，离他的店不远的地方又新开了一家小药店。洛克十分不满这位新来的对手，到处向人宣扬这家小店卖错药，毫无配方经验。小店主听了很气愤，想到法院去起诉。后来，一位律师劝他不妨试试表示善意的方法。

第二次，顾客们又向小店主述说洛克的攻击时，小店主说："你们一定是误会了。洛克是本地最好的药店主，他任何时候都乐于给急诊病人配药，他这种对病人的关心给我们大家树立了榜样。我们这个地方正在发展之中，有足够的余地可供我们做生意，我是以洛克作为榜样的。"当洛克听到这些话后，急不可耐地找到自己的对手，还向他介绍自己的经验和忠告。就这样，双方之间的怨恨消除了，而且还建立了深厚的友谊。

洛克的长处就在于具有丰富的经验，并以小店主没有经验为由对他进行攻击，而小店主则把赞美的落脚点放在了洛克的经验上，并且是对旁人表达自己对洛克的赞美与欣赏，这让洛克相信小店主是真心佩服他的，就自然不想让自己的"粉丝"失望了。他们也才有了和睦相处的一幕。

在这里，小店主在背后说洛克的好话，也是夸人最有效的技巧之一。背后称赞人会被人认为是发自内心、不带私人动机的，除了能给更多的人以榜样的激励外，还能使被赞美者在听到别人"传播"过来的好话后，感到这种赞扬的真实和诚意，从而在荣誉感得到满足的同时，增强了上进心和对说好话者的信任感。

例如《红楼梦》中有这么一段：

史湘云、薛宝钗劝贾宝玉做官为宦，贾宝玉大为反感，对着史湘云和薛宝钗赞美林黛玉说："林姑娘从来没有说过这些混账话！要是她说这些混账话，我早和她生分了。"

凑巧这时黛玉正来到窗外，无意中听见贾宝玉说自己的好话，不觉又惊又喜，又悲又叹。结果宝黛两人互诉肺腑，感情大增。

因为在林黛玉看来，宝玉在湘云、宝钗、自己三人中只赞美自己，而且不知道自己会听到，这种赞美不但是难得的，而且是真心的。倘若宝玉当着黛玉的面说这番话，好猜疑、使小性子的林黛玉怕还会说宝玉打趣她或想讨好她吧。

赞美当面说和背后说是不同的，效果也会不一样。在背后说他人的好话，能极大地表现你的"胸怀"和"诚实"，有事半功倍的效果。多在第三人面前赞美他人，被赞美的人知道后会认为那是真的赞美，毫不虚伪，于是能真诚地接受，也许还会对你感激不尽，这样的赞美就赞到了点子上。

此外，赞美别人时一定要诚恳，只有态度诚恳，你的赞美才能显得自然，别人才会相信你的赞美，在别人眼里你才是可信的，而不是一副溜须拍马、令人讨厌的样子。言过其实、过分夸张的赞美，反而会让对方产生怀疑，认为自己受了愚弄；过分粗浅的溢美之词更会毁坏你的名声，所以你的赞美一定要诚恳，还要赞到点子上。

赞美别人并不费力，只要几秒钟，便能满足人们内心的强烈需求，更重要的是，你会因此受到他人的喜欢，也会拉近彼此的距离。

模仿对方的表达方式，用语言提升亲密度

在日常生活中，我们如若想在沟通中拉近与他人的距离，建立良好的亲善关系，一个很好的方法就是模仿对方的表达方式。

1. 模仿对方的表达习惯

我们每个人都有自己的表达方式。比如，每个人都有自己的口头禅，而和某人建立亲善关系的一条捷径就是可以留心对方常用的口头禅，即他讲话时经常使用的词句，然后你与他沟通交流时就可以借用他的口头禅。这样很容易地就能拉近彼此的关系，从而使彼此的亲密得到提升。

2. 模仿对方的语调和语速

有这样一个实验：一个电话销售公司为了让更多的人订阅杂志，他们让销售人员给每个潜在客户打一两次电话进行推销。所有的销售人员被分成了两组，第一组沿用老一套的方式进行电话销售，第二组则得到了一个额外的指示：在给客户打电话时，尽量模仿对方的语速。只是这么一个小小的差异，结果却大不同：第二组销售人员的业绩比以往提高了 30%，而第一组销售人员的业绩则看不出有明显的变化。

除了配合对方的语速，我们还可以配合对方的语调和音量等。这些都是声音里的元素。声音是建立亲善关系的另一个强有力的工具，我们可以通过调整自己说话的声音，来获得对方的好感。

3. 适当重复对方的话

在恰当的时候重复对方说话的重点，这是一种加深他人对我们印象的最简单有效的方法。大部分的人都对自己的语言有一种特殊的感情，尤其是在某些情况下经过深思熟虑之后的发言，这类发言对于他们自我满足感来说相当重要，这个时候一旦我们对他人的话不以为意或者不加重视，那么很难让他人对我们有什么深刻的好印象，相反还会让其把我们纳入一种不能"志同道合"的陌生人的范畴，那样我们也就无法和其接触、获得对方的好感了。

因此，当我们与他人交谈时，听取了他人的某种意见后，如果你也赞同对方的话，可以点头表示自己同意，还可以适当重复对方的话，这样就能让对方感觉受到了重视，从而拉近你们的距离，不由自主地将心里话说给你，将你当作更好的朋友。

着力创造笑点，幽默的人想被人忘记都难

无论我们从事什么性质的工作，无论我们处于什么样的社会地位，我们都需要与人交往。在交往的过程里，创造轻松的交往环境，保持一份能给人带来愉快的力量，会使别人在与你的交往中得到快乐与放松，当他愉快地把从你这儿得到的快乐向其他人宣传时，不仅强化了对你的印象，还会使你在人际交往中受到更

多欢迎。

幽默就是创造轻松的交往环境的不二法宝。英国著名戏剧家莎士比亚说过："幽默和风趣是智慧的闪现。"法国作家雷格威更断言："幽默是比握手更进步的一大文明。"幽默是人与人交际时的润滑剂，有了它的推波助澜，我们可以在人际交往中游刃有余。

素有"巴蜀鬼才"之称的魏明伦到台湾做文化访问时，与闻名海内外的奇才李敖相见。

李敖："欢迎魏先生，我是李敖。"

许博允（音乐家，李、魏会面的牵线人）："你们两位都是鬼才，这次会面，真可说是'鬼'撞'鬼'了，哈哈。"

魏明伦："不敢当不敢当，李敖先生是大巫，我是小巫，今天是小巫见大巫。"

李敖："巫山在四川，魏先生从四川来，大巫自当是魏先生。"

许博允打趣李、魏见面是"鬼撞鬼"，而魏明伦更正说是"小巫见大巫"，这样魏明伦既回应了许博允的打趣，又表达了自谦，可谓一举两得。而李敖出言也相当俏皮，他以魏明伦来自四川为由，谦称"大巫自当是魏先生"。

幽默的人在社交中往往大受欢迎。最能召集朋友的人常常就是很幽默的人。我们都喜欢幽默的人，但并不是每个人都会使用幽默。相反，许多人认为幽默是先天禀赋，后天无法获得。其实，幽默是可以后天获得的。那么，怎样培养自己的幽默细胞，营造笑点呢？

1. 要领会幽默的真正含义

幽默不是油腔滑调，也非嘲笑或讽刺。正如有位名人所言："浮躁难以幽默，装腔作势难以幽默，钻牛角尖难以幽默，捉襟见肘难以幽默，迟钝笨拙难以幽默，只有从容、平等待人、超脱、游刃有余、聪明透彻，才能幽默。"

2. 观察幽默的人

当我们观察幽默的人时，其实我们是在从他们身上学会幽默的节奏。幽默的人其实都有一种节奏，你可以通过现场观察来学习。你有意识或者无意识地学会了别人的这种幽默的节奏，就会用一种新的思维方式来替代过去的缺少幽默的方式。我们可以去读马克·吐温的作品，读钱钟书和林语堂的作品，我们也可以尝试着去读那些幽默的名著。俗话说"熟读唐诗三百首，不会吟诗也会吟"，当我们熟读幽默大师的作品时，我们自己也会变得幽默了。

3. 扩大知识面

幽默是一种智慧的表现，它必须建立在丰富的知识的基础上。一个人只有具备审时度势的能力、广博的知识，才能做到谈资丰富、妙言成趣，从而做出恰当的比喻。因此，要培养幽默感，必须广泛涉猎，充实自我，不断从浩如烟海的书籍中收集幽默的浪花，从名人趣事的精华中撷取幽默的宝石。

4. 打破常规模式

如果我们总是处于一成不变的环境中，很容易变得审美疲劳，自然也就缺少了很多幽默的活力。如果我们能偶尔改变一下自己的处境，或者是结识一些新的朋友等，我们会发现值得自己高兴的事情有很多。

5. 陶冶情操

乐观对待现实，幽默是一种宽容精神的体现。要善于体谅他人，要使自己学会幽默，就要学会宽容大度，不要总是斤斤计较，同时还要乐观。乐观与幽默是亲密的朋友，生活中如果多一些趣味和轻松，多一些笑容和游戏，多一份乐观与幽默，那么就没有克服不了的困难，也不会出现整天愁眉苦脸、忧心忡忡的痛苦者。

6. 允许别人对自己开玩笑

很多人缺少幽默感，就是因为自尊心过于强烈，不允许别人对自己开一点点玩笑。有时候朋友之间会因为好玩而相互地"损"一下，如果你因此而大发雷霆，那么大家都会把你当成"地雷"敬而远之。

7. 培养敏锐的洞察力

提高观察事物的能力，培养机智、敏捷的能力，发现生活的独特之处，是提高幽默的一个重要方面。只有迅速地捕捉事物的本质，以诙谐的语言做出恰当的比喻，才能使人们产生轻松的感觉。当然，在幽默的同时还应注意，重大的原则总是不能马虎，不同问题要不同对待，在处理问题时要极具灵活性，做到幽默而不落俗套，让幽默为人们的精神生活提供真正的养料。

8. 多找机会应用

实践出真知，幽默语言的培养也是这样。从书上学来的幽默语言知识，只有经过自己在实践中练习和运用，才能变成自己的东西。而且，在实践中练习和运用幽默语言，也能加深对幽默的理解，丰富幽默知识，这本身也是一种学习，是书本学习的继续和深化。只有多练习、多运用，才能有效提高运用幽默语言的水平。

总之，幽默来源于两个世界，一个是你真诚的内心世界，一个是生活中无处不在的客观世界。当你用智慧把两个世界统一起来，并有足够的技巧和创造性的新意在人际交往时创造充满智慧的笑点，你就会发现自己置身于趣味的世界中，人际关系由此更加顺畅起来，成功也就指日可待了。

开玩笑要注意分寸，见好就收才有"笑果"

生活中那些懂得幽默、会开玩笑的人特别受欢迎，被大家当作"开心果"。他们凭借得体的玩笑，给他人带来了欢乐，也获得了别人的好感。但是，开玩笑也要有分寸，并不是所有的场合都适合开玩笑，也不是所有的话题都可以用来开玩笑，如果把握不好开玩笑的分寸，不仅会得罪人，还会惹麻烦。

莉莉是一家公司的外勤人员，她思维灵敏，快人快语，还有丰富的幽默细胞，无论到哪儿都是颗"开心果"。但如此可爱的莉莉却得不到老板的青睐！原来，她不仅爱跟同事开玩笑，还会和平易近人的老板开玩笑，却不注意开玩笑的分寸。

一次，莉莉带着客户和协议来找老板签字。看到老板龙飞凤舞的签名，客户连连夸奖说："您的签名可真气派！"莉莉听了却调皮地说："能不气派吗？我们老板可暗地里练了3个月呢！而且这是他写得最多的两个字了。"此言一出，老板和客户都感到很尴尬。

开玩笑也是要分场合和对象的，如果双方都是同事，莉莉的话也许并不会引起反感，但是在客户面前开老板的玩笑却是大忌，这会让老板觉得很没面子，客户也不知道该怎样继续下去，这就是莉莉为什么得不到重用的原因。

开玩笑时，务必要考虑这个玩笑带来的后果，绝不要信口开河，随意开玩笑。不然事与愿违，只会让我们后悔莫及。具体来讲，开玩笑需要把握的分寸主要包括以下几方面：

（1）和长辈、晚辈开玩笑忌轻佻放肆，特别忌谈男女之事。几辈同堂时的玩笑要高雅、机智、解颐助兴、乐在其中。在这种场合，忌谈男女风流韵事。当同辈人开这方面玩笑时，自己以长辈或晚辈身份在场时，最好不要掺言，只若无其事地旁听就是。

（2）和非血缘关系的异性单独相处时忌开玩笑，哪怕是开正经的玩笑，也往往会引起对方反感，或者会引起旁人的猜测非议。要注意保持适当的距离。当然，也不能拘谨别扭。

（3）和残疾人开玩笑，注意避讳他们的痛处。人人都怕别人用自己的短处开玩笑，残疾人尤其如此。

（4）朋友陪客时，忌开朋友的玩笑。人家已有共同的话题，已经形成和谐融洽的气氛，如果你突然介入开起玩笑，转移人家的注意力，打断人家的话题，破坏谈话的雅兴，朋友会认为你捣乱的意思。

此外，如果你的玩笑让别人感到尴尬了，一定要即时诚心诚意地道歉，不能就此放任不管。

第六章
DI LIU ZHANG

说话有分寸，做事有尺度，
才有好人缘

实话巧说，学会委婉沟通

人际交往中，每个人都有自己独特的个性、爱好和生活态度，在交谈的过程中难免会产生观念上的差异。如果我们能在不否定他人见解的前提下得体地表达自己的意思，常常就会获得交际上的成功。

委婉通常有三种类型：借用式、曲语式和讳饰式。借用式，是指借用某一事物或其他事物的特征来代替对事物本质问题直接回答的语言方法；曲语式，是指用曲折含蓄的语言和融洽的语气表达自己看法的语言方法；讳饰式，是指用委婉的词语表达不便明说或使人感到难堪的语言方法。此外，正话反说也是一种委婉说话的技巧，其特点就是字面意思与本意完全相反，让听者自觉去领悟，从而接受你的意见。

楚国有位能言善辩的口才家优孟，他善于在谈笑之间劝说国君。有一次，楚庄王十分喜爱的一匹马因长得太肥而死了。楚庄王竟命令全体大臣致哀，要用棺椁装殓，还要用大夫的礼节隆重地举行葬礼。文武百官纷纷劝他别这样做，楚庄王十分不满意，下令说："谁敢为葬马的事来劝谏的话格杀勿论！"众大臣都不敢说话了。

优孟听到这事，就号啕大哭着进入王宫。楚庄王很奇怪，问他为什么哭。优孟回答说："我是为葬马的事哭呢！那匹死去的马，是大王最心爱的。像楚国这样一个堂堂大国，却只以大夫的葬礼来办丧事，实在太轻慢了，一定要用君王的葬礼才像样呢！"

楚庄王听到优孟不像群臣那样死缠烂打的反对，而是支持他的主张，不觉喜上心头，很开心地问："照你看来，应该怎样办才好呢？"

"依我看来，"优孟清了清嗓，慢慢说，"要拿白玉做棺材，用红木做外椁，调集一大批士兵来挖坟，发动全城男女来挑土。出丧时，要齐国、赵国的使节在前面陪送，鸣锣开道，让韩国、魏国的使节在后面护卫。还要建造一座祠庙，放上牌位，追封它为万户侯。"

优孟采用的劝说策略就是委婉地正话反说。优孟因跟随楚庄王多年，熟知楚庄王的性情，知道对此时的楚庄王用忠言逆耳的劝诫是行不通的。于是，他便先认同、礼颂楚庄王的"贵马"精神，烘托出另一种相反的又正是劝谏的真意——讽刺楚庄王的举动，从而使楚庄王认清自己的错误决定。在特定的情况下，采用正话反说的方法，会收到出奇制胜的奇效。

委婉的神奇效果有很多，具体来说以下几点：

1. 委婉，能够表达不便直接表达的意思

一说起《水浒传》，人们便会立即想起那心直口快的"炮筒"鲁智深。其实，即使是最耿直的鲁智深，说话也有含蓄的时候。电视剧《鲁智深》中，鲁智深三拳打死镇关西后，为了逃避官家的追捕，只得削发为僧。剧中有这样一段台词：

法师："尽形寿，不近色，汝今能持否？"

智深："能。"

法师："尽形寿，不沾酒，汝今能持否？"

智深："能。"

法师："尽形寿，不杀生，汝今能持否？"

智深：（犹豫深思。）

法师高声催问："尽形寿，不杀生，汝今能持否？"

智深："知道了。"

要鲁智深不近女色不饮酒，他绝对做得到。但要他不惩除世间的恶人，难于上青天。但此时若答"不能"，则法师肯定不许他剃发为僧，他就无处藏身了，因此他灵活应付，回答"知道了"，在法师面前过关，又不违背自己的本意，真是两全其美。

2. 委婉，提升你的人气

佩迈尔被称为英国历史上传奇式的篮球教练。他带领一支大学篮球队曾很多次获得国内比赛冠军，使球迷们为之倾倒。可是，他的球队在蝉联第29次冠军后，遭到一次空前的失败。比赛一结束，记者们蜂拥而至，把他围得水泄不通，问他这位常胜将军对失败有何感想。他微笑着说："好极了，现在我们可以轻装上阵，尽力去争夺冠军了。"

他轻松、巧妙的话语，委婉含蓄地为自己解了围。同时也让大家感觉到他并不是一个因一次失败而轻言放弃的人，而是会重整旗鼓，更加努力。无疑，他传递出的这种正能量定会为他提升一定的人气。

3. 委婉，给人台阶下，给自己面子

在饭桌上，王女士发现杨小姐的牙齿上遗留了菜屑的残渣，看起来很难看。王女士很想做手势暗示或轻声告诉对方。可在情绪高涨的场合，这可能会让杨小姐难堪。于是，王女士想了一个两全其美的办法。她走到杨小姐面前，拿出化妆镜，假装整理自己的妆容，忽然非常惊讶地说："哎呀，我牙齿上怎么留下菜屑的残渣了？来，你也看看，有没有呢？"说完，王女士"随手"将化妆镜递给了杨小姐。杨小姐一照，果然发现了"不雅"，随即将其拭去。杨小姐很感激地向王女士递去一个善意的微笑。

4. 委婉，能够将一场"暴力"转化为温馨的相处

当妻子看上一件衣服征求丈夫的建议时，丈夫觉得妻子穿这件衣服不太合适。如果丈夫不顾及妻子的心情，就会直白地批评说："你看你的审美好差啊，一把年纪了还穿这么艳丽的衣服，岂不成老妖婆了？"这样生硬、伤和气的话必定会伤害妻子的自尊心。如果丈夫尊重体谅妻子的心情，就会把反对的意见说得委婉得体："不错，颜色真鲜艳，给女儿穿效果会更好！"

当你去拜访朋友，主人热情地拿出水果、零食招待你时，而你却毫无忌讳说："不吃，不吃，我没有吃零食的习惯，再说我刚吃完饭，肚子饱得很，哪还有胃口吃这些东西。"这样不仅让人扫兴，而且还伤了主人的自尊心。你应该体谅主人的一片热情和

好客，委婉地说："谢谢，谢谢！多新鲜的水果，多香的糖，只可惜我刚吃完饭，没有地方放了，太遗憾了！"

时下人际关系极为复杂，每个人的素质和修养更是千差万别，仅有实话实说还不够，在它的后面加上"实话巧说"才更为完备。说实话要讲究艺术技巧和方式战略，顾及影响，考虑效果，否则会使其效果相反。说句实话，假如不加分析和选择，不看时间、地点、场合，即便是出于善意，但有时还会语出伤人，从而结下怨气，最终收不到应有的效果。

所以，要想有个好人缘，委婉地说话是一座必不可少的桥梁。有人以"心直口快"为美德，其实"心直"固然可嘉，但"口快"却未必值得学习，如果我们加以区别各种情况，该直说的时候直说，该委婉的时候也别羞于委婉，那生活中的烦恼就会少很多，你也会轻松愉快地处理好你的人际关系。

给对方更多说话时间，你不说话也能受欢迎

人际关系专家研究发现，人际关系失败的原因，很多时候不在于你说错了什么或是应该说什么，而是因为你听得太少，或者不注意倾听所致。比如，别人的话还没有说完，你就抢着说，说些不得要领、不着边际的话；别人的话还没有听清，你就迫不及待地发表自己的见解和意见；对方兴致勃勃地与你说话，你却心

不在焉，目光斜视，手上还做小动作。有谁愿意与这样的人在一起交谈呢？有谁喜欢和这样的人做朋友呢？

事实上，很多人都喜欢听自己的声音，当他们希望别人能分享自己的思想、感情和经验时，就需要听众。这是一种十分微妙的自我陶醉的心理：有人愿意听就觉得高兴，有人乐意听就觉得感激。因此，你一定要学会在该不说话的时候不说话，给对方更多说话时间，当个会听的人能让你成为人见人爱的谈话对象。

学会倾听别人说话是人与人有效沟通的一个关键技巧，同时也是自己能否受到他人喜爱的关键。众所周知，那些处世高手通常也是最佳的倾听者。所以，如果你想在人际交往中获得好人缘，那你就得先做一个善于倾听的人，而不是一个絮絮叨叨、说个没完的人。要使别人对你感兴趣，那你就得先对别人感兴趣。倾听正好表现了你对他人的尊重和关注，会让你更容易受到倾诉者的欢迎。

那么，我们该如何倾听才最适合呢？

1. 倾听时要有良好的精神状态

良好的精神状态是倾听的重要前提，如果交流中一方萎靡不振，是不会取得良好的倾听效果的，它只能使沟通质量大打折扣。

良好的精神状态要求倾听者集中精力，随时提醒自己交谈到底要解决什么问题。倾听时可以与谈话者有眼神接触，但应适当把握时间长短。如果没有语言上的呼应，只是长时间盯着对方，那会使双方都感到局促不安。另外，保持身体警觉则有助于使大脑处于兴奋状态。

2. 使用开放式态度

开放式态度是一种积极的态度，意味着控制自身的偏见和情绪，克服思维定式，做好准备，积极适应对方的思路，去理解对方的话，并给予及时的回应。热诚地倾听与口头敷衍有很大区别，它是一种积极的态度，传递给他人的是一种肯定、信任、关心乃至鼓励的信息。

3. 及时用动作和表情给予呼应

作为一种信息反馈，沟通者可以用各种对方能理解的动作和表情表示自己的理解，传达自己的感情，以及对于谈话的兴趣，如微笑、皱眉、迷惑不解等，给讲话人提供相关的反馈信息，以利于更好地交流。

4. 适时适度地提问

沟通的目的是为了获得信息，是为了知道彼此在想什么，要做什么。通过提问可获得信息，同时也可以从对方回答的内容、方式、态度、情绪等其他方面获得信息。因此，适时适度地提出问题是一种倾听的方法，它能够给讲话者以鼓励，有助于双方的相互沟通。

5. 要有耐心，切忌随便打断别人讲话

有些人话很多，或者语言表达有些零散甚至混乱，这时就要耐心地听完他的叙述。即使听到你不能接受的观点或者某些伤害感情的话，也要耐心听完，听完后再表示你的不同观点。当别人流畅地谈话时，随便插话打岔、打断说话人的思路和话题或者任意发表评论，都是没有教养或不礼貌的行为。

6. 必要的沉默

沉默是人际交往中的一种方法，它看似一种状态，实际蕴含着丰富的信息。它就像乐谱上的休止符，运用得当，则含义无穷，真正可以达到"无声胜有声"的效果。但沉默一定要运用得体，不可不分场合，故作高深而滥用沉默。而且，沉默一定要与语言相辅相成，才能获得最佳的效果。

总之，学会倾听能让人获得人心，拥有和谐的人际关系。倾听是一种动听的"语言"，倾听是我们对别人最好的尊重，很少有人拒绝接受专心倾听所包含的赞许。善于倾听的人往往会因此而拥有非凡的人际关系，从而使自己在事业上有着意想不到的收获。所以，不说话的人也能受欢迎。

避免无谓的争论，才能深入人心

有些人反应快、口才好、心思灵敏，这固然是优点，但在生活或工作中和他人有利益或意见的冲突时，也喜欢把对方辩得脸红脖子粗、哑口无言，然后为自己的"胜利"沾沾自喜。其实，这是不懂人际交往的表现。他虽然赢了这场争论，却因此而失去一位朋友，而且不会有人因此而大赞他知识渊博与能言善辩。

口头上的赢不能叫赢，与他人针锋相对，处处抬杠，无论你说得多么精彩，多么富有哲理，也很难让对方心服口服、甘拜下风。即使你胜了，其实也败了。真正懂得说话之道的人，绝不会轻易与人争论，即使自己的观点是正确的，也不会得理不饶人，让对方没面子。

　　卡耐基在第二次世界大战结束后不久参加了一场宴会。一位先生讲了一个幽默故事，然后在结尾的时候引用了一句话，那位先生还特意指出这是《圣经》上说的话。卡耐基一听就知道他错了。他看过这句话，然而不是在《圣经》上，而是在莎士比亚的书中，他前几天还翻阅过，他敢肯定这位先生一定是弄错了。于是他纠正那位先生说，这句话是出自莎士比亚的书。

　　"什么？出自莎士比亚的书？不可能！绝对不可能！先生你一定弄错了，我前几天才特意翻了《圣经》的那一段，我敢打赌，我说的是正确的，一定是出自《圣经》！如果你不相信，我可以把那一段背出来让你听听，怎么样？"那位先生听了卡耐基的话，马上反驳。

　　卡耐基正想继续争论，忽然想起自己的老友——维克多·里诺在右边坐着。维克多·里诺是研究莎士比亚的专家，卡耐基想他一定会证明自己的话是对的，于是转向他说："维克多，你说说，是不是莎士比亚说的这句话。"

　　维克多盯着卡耐基说："戴尔，是你弄错了，这位先生是正确的，《圣经》上确实有这句话。"随即，卡耐基感到维克多在桌下踢了自己一脚。他大惑不解，但出于礼貌，他向那位先生道了歉。

回家的路上，满腹疑问的卡耐基埋怨维克多："你明知那本来就是莎士比亚说的，你还帮着他说话，真不够朋友。还让我不得不向他道歉，真是颠倒黑白了。"维克多一听，笑了："《李尔王》第二幕第一场上有这句话。但是我可爱的戴尔，我们只是参加宴会的客人，而且你知道吗，那个人也是一位有名的学者，为什么要我去证明他是错的？你以为证明了你是对的，那些人和那位先生会喜欢你，认为你学识渊博吗？不，绝不会。为什么不保留他的颜面呢？为什么要让他下不了台呢？他并不需要你的意见，为什么要和他抬杠？记住，永远不要和别人正面冲突。"

只要我们稍微冷静地想一想，就会发现大多争论的结果其实是没有一个人是胜利者。争论既不能为双方带来快乐，也不能带来彼此间的尊重和理解，更不能证明谁是真理的掌握者。争论所能带给我们的只是心理上的烦躁、彼此的怨恨与误解，甚至让你多一个敌人。

美国耶鲁大学的两位教授曾经做过一项实验。他们耗费了 7 年的时间，调查了种种争论的实态。例如，店员之间的争执、夫妇间的吵架、售货员与顾客间的斗嘴等，甚至还调查了联合国的讨论会。结果，他们证明了凡是去攻击对方的人，绝对无法在争论方面获胜。

你应该也有过这样的体会，一个人在提出自己的意见后，一旦遭到全盘否定，他的自尊心理往往使他采取以牙还牙式的反抗。这种心理反应会极大地阻碍沟通的顺利进行。因此，不论在什么情况下，你应当尽可能避免上述心理活动的发生。

相反，一个人在提出自己的意见后，一旦受到某种程度的肯定和重视，自尊心理会引导心理活动形成一种兴奋优势，这种兴奋优势会给人带来情感上的亲善体验和理智上的满足体验。这种体验一旦发生，就会有利于纠纷的调节，使争执双方的意见达成一致。

事实上，当别人在和你谈话时，他根本没有准备请你说教，若你自作聪明，拿出更高超的见解，对方可能不会乐意接受。所以，你不要随便摆出要教导别人的姿态。你的同事向你提出一个意见时，你若不能赞同，最低限度要表示可以考虑，最好不要马上反驳。要是你的朋友和你谈天，你更要注意，太多的执拗会把一切有趣的生活变得乏味。如果别人真的错了，又不肯接受你的批评或劝告时，别急于求成，往后退一步，把时间延长些，隔一天或两个星期再谈吧！否则大家都固执，不仅没有进展，反而互相伤害感情，造成隔阂了。

因此，当别人与你争论时，只要不是原则性的关键问题，大可不必太较真，不妨让对方赢一次，对你来说并没有什么损失，同时也保护了对方的自尊心，不至于因为争吵而破坏了彼此的关系。如果事后他知道你是对的、他是错的，你故意不和他计较，让着他，他反而会感激你的大度。

另外，在表达自己与对方不同的意见之前，我们应该先对对方说"是的"，表示理解，创造一种较为融洽的交谈气氛，缩短双方之间的心理距离后，再讲"但是"。如果你先对对方的某些看法加以赞赏，这时在他眼里，你是与他站在一起的，对立不存在了，这时再表达自己的不同意见，也许便于对方接受了。

卡耐基曾经说："你赢不了争论。要是输了，当然你就输了；如果赢了，还是输了。"在争论中，并不产生胜者，所有人在争论中都只能充当失败者，无论他（她）愿意与否。因为十之八九，争论的结果都只会使双方比以前更相信自己绝对正确；或者，即使你意识到自己错了，却也绝不会在对手面前俯首认输。在这里，心服与口服无法达到应有的统一，人的固执性将双方越拉越远，一直到争论结束。双方的立场已不再是开始时的并列，一场毫无必要的争论造成了双方可怕的对立。所以，天底下只有一种能在争论中获胜的方式，那就是避免争论。

总之要记住：真正能言善辩的人懂得如何让人心悦诚服。"会说话"而不是"会吵架"的人才是人际交往的高手。

婉转拒绝，不帮忙也不伤情分

拒绝别人的话之所以难以说出口主要是因为担心伤害彼此之间的感情，虽说拒绝别人有多种技巧，但还是难免造成不快。其实有的时候，你根本不用绞尽脑汁去想那些拐弯抹角的拒绝方式，可以虚拟一个第三方。比如"这事不是由我负责""这事我做不了主，我得征求领导的意思"，等等。很多时候，借用第三方来拒绝他人还是很奏效的。

某造纸厂的推销员去某大学推销纸张，推销员找到他熟悉的总务处长，恳求他订货。总务处长彬彬有礼地说："实在对不起，我们学校已同某国营造纸厂签了长期购买合同，学校规定再不向其他任何单位购买纸张了，我也只能按照规定来办。"这种方法看似推卸责任，但总比直接拒绝效果要好，而且也容易被人理解，既然爱莫能助，也就不便勉强。

一位和善的主妇说，婉转拒绝让她一次又一次获得了宁静。每当有推销员找上门来，她便彬彬有礼但态度坚决地说："谢谢您来推销，但是我丈夫不让我在家门口买任何东西。请您理解我一个做主妇的难处。"这样，推销员会因为被拒绝的并不仅仅是自己一个人而感到一点儿心理平衡，减少了被拒绝的不快。

有一次，约翰的一位好朋友的孩子——4岁的毛毛，一手拿苹果，一手拿橘子，跑到约翰面前炫耀。

约翰故意逗他说："毛毛，伯伯的嘴好馋。你看，你是愿意把苹果给伯伯吃呢，还是愿意把橘子给伯伯吃？"

孩子听了约翰的话，出人意料地回答："伯伯你快去，妈妈那里还有！"

这小家伙的回答真是妙。他没有直截了当地拒绝，但让人无法反驳，彼此既不伤和气，自己也不会有什么损失。

在工作中，难免会常常有人来请你帮忙，而你又因为种种原因不想答应，你应该怎么回绝呢？这时可以用替代法来婉转拒绝。

"我对电脑不太懂，不过小王对电脑很了解，你去拜托他看看，怎么样？"

"我对计算工作最头大了，小芸好像是簿记二级，她应该做得来！"

"我手里工作很多，恐怕没有时间。小范好像说他今天工作分量不怎么多！"

像这样可以为对方推荐更合适的人选来替代自己。当然，只有在大家都知道你推荐的人选的确比较胜任时才能用此方法。不过此方法有一个问题就是，可能会招来那个被你推荐的人的埋怨。那个人心里也许会想："可恶的家伙，竟然把自己不喜欢的事推给我！"尤其当需要帮忙的事情是人人都不想做的事情的时候，惹来埋怨的可能性就愈高。所以，最好在多数人都知道"某某事情是某某最擅长的"这样的情况下才可用此方法，不要故意为别人找麻烦。

善意的谎言，避免伤害

有些人是"直性子"，有什么说什么、是什么说什么，说话不会拐弯，也不会隐瞒，因此得罪人。中国有句俗话叫"会做媳妇两头瞒,不会做媳妇两头传"。其实有时善意的谎言在人际交往中可以起到润滑剂的作用。很多时候如果我们能够恰到好处地运用善意的谎言,可以化干戈为玉帛,消除矛盾,更有效地解决问题,化解他人心中的怨恨,使人与人彼此间的关系更融洽,感情更深厚。

苏格拉底是希腊伟大的哲学家,他认为谎言的本性就是:

(1)逃避一些不能或是不想被别人知道的事,如果要强区分的话,可分为善意和恶意两种。

(2)善意的谎言是在为他人利益考虑的前提下所说的谎言。

(3)恶意的谎言是从自己的角度出发的谎言,是损人利己的。

在人际交往中,我们可以适当地运用善意的谎言来解决问题,这样可以避免给他人和自己带来伤害,更重要的是能为自己积攒好人缘。

王鑫在一家外资企业上班。一天下班后,他和同事李华走在一起。李华这些天和上司的关系十分紧张,心情不佳。

两人边走边聊,李华控制不住自己的情绪,认为上司对待他不公平,还嘲讽上司无知、浅薄,没有领导能力。

过了一段时间,上司在王鑫面前谈起李华时,言语非常不客气,怒斥李华不顾大局、平庸无能、不思进取、不善开拓等诸多缺点。上司还向王鑫打听李华是否说过自己什么坏话。

王鑫该怎么回答呢?

无疑,王鑫面临两种选择:一种选择是不把李华的话告诉上司，另一种选择是把李华的话原原本本地告诉上司。

如果王鑫选择了前者，会避免一些矛盾的产生。当上司的气慢慢地消下来，冷静下来后，会比较公正、合理地处理问题，使问题得以解决。

如果王鑫选择后者，上司会对李华记恨在心，可能会找机会报复李华，使矛盾进一步激化。而且，如果上司是个非常多疑的人，他会进一步设想："你在我面前讲你同事的坏话，肯定也会在其他人面前讲你同事的坏话，甚至还会在其他人面前讲我的坏话。"因此，即使王鑫说了实话，也会给上司留下两面三刀、不能委以重任的印象。

可见，善意的谎言在人际交往中有时很重要。

所以，面对一些事情时，不一定非要讲实话，因为实话有些时候对人、对己、对事无益。其实，适当说一些善意的谎言，在很多时候可以避免矛盾的产生。它也是处理好人际关系的重要法宝，可以使你融入周围的环境，让你的生活少些阻挠。

用合适的流行语增加语言魅力

"流行语"就是那些在一定时间、一定范围里高频率地运用于人们口头交际中的鲜活新潮的词句。它和着时代的脉搏，折射着生活的灵光，为人们的日常交谈增添着魅力与色彩。

有些流行语有较强的地域特征。例如广东人逢人称"阿哥"，南京人说事情好到极点为"盖帽了"，北京人谈吃喝用"撮"……有些流行语在传播中扩大了范围，如北京人把闲聊天叫"侃"，现在其他不少地方也用"没事我们一道侃侃去"。

领域不同，流行语也不同。比如在商业界，"看好""看涨""看跌""滑坡""走俏"等词语运用得很普遍；在演艺圈，"走红""领衔""性感"很流行。流行语多数是现有词句的一种比喻、替代、延伸，例如知识分子从商称为"下海"，改行叫作"跳槽"，撰写文章搞创作戏称为"爬格子"。

流行语还具有较强较浓的时代色彩，沉淀着一定时期内的文化特点与生活气息。比如，对别人称自己的妻子，旧时多是"内人""太太"，现代则常是"爱人""另一半"等说法。说一个人样子好、气质佳，以前是"眉清目秀"，后来是"健壮有朝气"，现在是"潇洒风流""有魅力"等。

在日常交谈、交往活动中，恰到好处地使用合适的流行语可以起到很好的调剂作用。

1. 流行语可丰富、更新自己的谈话色调。

一个人的谈话色调包括话题、语调、声音的选择，也包括词句的筛选与锤炼。生活中有些人与别人交谈时老是一种腔调，总是用一些自己重复多遍、陈旧蹩脚的词句、口头禅，毫无新鲜明朗的气息，给人的感觉是迂腐而沉闷。如鲁迅笔下的孔乙己，"之乎者也"不断；又像《编辑部的故事》中的牛大姐，官腔套话不离口。跟紧时代的步伐，注意运用流行的词句，可以提升自己的谈吐，保持谈话色调的生机活力，使话语常讲常新。

2. 使用流行语可加深联系，赢得别人的好感。

愉快顺利的交谈，往往离不开流行语的使用。比如称呼别人，以前多是"师傅""同志""某某长"，现在多用"女士""先生""小姐""老板"，这样更能增强谈话双方的亲近感，使交谈始终处于轻松自如的状态，不至于因过于拘谨、刻板而影响沟通，引起别人反感。

3. 使用流行语可增添生活情趣。

生活是五彩斑斓的万花筒，人们常在一起聊天、谈笑，少不了流行语的点缀。一位男士发现一位女士穿了一件新连衣裙，故意惊呼道："哇！真 3.14。"这"3.14"本是圆周率的值，与流行语"派"谐音，因而立刻博得大家一阵会心的大笑。

当然，运用流行语还必须考虑交谈对象的年龄、知识水平，以及谈话的主题。借助富有时代气息的流行语，为语言加上调味剂。

第七章
DI QI ZHANG

跟任何人都能高效沟通，
好人缘自然来

与人相处要给人两种感觉：乍见之欢与久处之乐

有人以农人在四季的行为做比喻，来形容与人相处要给人的感觉：一是乍见之欢，二是久处之乐。春耕就是乍见之欢，开始喜欢你这个人；夏耘就是久处之乐，与你能融洽相处；秋收就是帮你解决问题，得到收益；冬藏就是保持联络，并帮助你介绍他人。

在人与人的交往过程中，不可避免地要与陌生人相处、相识。这就需要你成为主动的那一方，不要总是指望别人主动来与你建立友谊，只有主动与人交往才能为自己赢得更多的机会，获得更多的朋友。

当然，俗话说得好，"万事开头难"。当你与对方完全不认识的时候，要开始一次交谈确实有些困难，但是只要你稍微掌握些技巧，你仍然可以打破僵局，引导你与陌生人的关系朝良性发展。尤其是在你们初次见面的时候，一定要表现出你的自信和友好，这样才不会给人紧迫感，只有轻松投入地交谈，对方才能放下戒备和不安。

在与人刚认识交谈的时候，可以多引导出几个话题，让你们的谈话可以从一个话题转移到另一个话题。这样就可以避免沉默的尴尬，也能让彼此在交谈中找到共同的话题，进而找到共同的兴趣爱好，那么你们离成为朋友的距离就不远了。

如果在宴会上，你发现你身旁坐的是个陌生人，千万不要觉得沮丧、没意思，更不要以为你要度过一个不愉快的夜晚，恰恰相反，你应该认为这是一个很好的机会，说不准你就会结识一些重量级的人物呢。所以你一定要抓住机会主动介绍自己，比如在酒店的宴会上，若是你对对方一无所知，你可以这样询问对方："您是住在这里吗？这个酒店的服务您感觉怎么样？"这样你就可以从对方的回答中开始交谈下去的话题了。当然，对方也会问你住在哪里、从事什么工作等，你要诚实待人，不要胡乱吹嘘，也不能妄自菲薄。主动与人交谈的过程中，要注意给对方说话的机会，千万不能自己一个人滔滔不绝地说起来没完。

当然，还有一个很快能够博得对方好感的开场白，那就是根据对方的优点、长处来征求意见。比如，你可以谦逊地咨询一个计算机销售商："我想买一部笔记本电脑，不知道什么样的配置好，您能否帮忙推荐一下？"对于一个职业为营养师的人，你可以这样询问："现在这样的季节，我们平时该吃些什么食物可以保养皮肤呢？"因为这些都是对方最擅长的话题，所以必然会博得对方的好感和耐心的解答。

有了初步的好感之后，再与人相处下去，就要讲求久处之乐了。什么是久处之乐？就是在相处过程中彼此欣赏，相互合拍，相互融洽。在初次肯定对方之后，你首先主动要到对方的联络方式。也许这个人并不会马上跟你有交集，但是先主动建立联系，获取好感，交朋友就是要先多联系才能有进一步了解的机会。

联络双方的感情，也就是保持你的人际关系，也许你们很久不见一面，那么请你一定要在适当的时候送上问候。美国喜剧演员伯顿总是别具一格地送出他的圣诞贺卡。他绝不会简单写些"节日快乐""天天如意"这样的客套话，他写的话总能说到对方的心里，也能准确地提及收件人与他最近一次见面联系的时间。比如，他会这样写："我永远不会忘记和您在 3 月 2 日的面谈，我们吃的法国菜真是令人回味。"

他怎么可能在几个月之后还能清楚地将日期和当时发生的事情记得一清二楚呢？他的记忆力是超强的吗？不是的，他的秘诀是不管什么时候，只要他遇见某人后，他便会立刻写好卡片，然后仔细保存起来，当圣诞节来临的时候再寄出去。这为他获得了不少朋友，他们都为他的细心而感到满足。所以，绝对不要低估一张贺卡的力量，其中的细心、耐心和诚心是打动人心的重要法宝。万事万物，都有其内在的生存变化、发展演进规律，人际关系的建立和维持也是如此。没有耕耘，就没有收获；方式不佳，收获不大；掌握自然法则，用心维护，必然收获多多。

多多沟通，坦诚面对猜疑心重的人

你是否遇到过这样的人：他们处世往往非常小心谨慎，很少信任他人，对人和事总持怀疑的态度；他们甚至会认为别人随时都会伤害自己。为了保护自己，他们惶惶不可终日，心里总琢磨着，到底有哪些事情别人知道而自己不知道。他们总是担心自己失去或错过了什么就会一败涂地。在他们的眼中，别人都有问题，都是可疑之人、两面派或者告密者。

他们就是猜疑心过重的人。这时，你应学会与他们相处的技巧，不要成了他们心中的那个"他"。

同猜疑心重的人来往不可急于求成，需以诚相待。不要奢望在短时间内取得他们的信任，你需要较长的时间去慢慢说服对方，让他们相信你的真诚，从而建立信任感。

此外，要温和对待猜疑心重的人，避免粗暴说教，还要多鼓励他们与大家多接触、多沟通，如果他们做得好，要发自内心地给予真诚的表扬和称赞。

只要少一些猜忌和隔阂，以诚相待、宽宏大量、设身处地地去帮助性格多疑的人，就会使他们有所改变。千万不要和多疑的人斤斤计较那些毫无价值的是是非非，而应以光明磊落的胸怀去与他们相处。

与猜疑心过重的人打交道时，可以注意以下几点：

（1）要真诚地对待猜疑心过重的人，了解他们猜疑的原因，对症下药，取得他们的信任。

（2）如果对方对你不信任，也要控制好自己的情绪，心平气和地与他们交谈来解决问题，千万不要因一时的冲动而陷入僵局。

（3）多与猜疑心过重的人沟通，多给他们一些发自内心的赞美，设身处地地为他们着想。

总之，面对这些猜疑心过重的人，我们要保持宽容的心态，真诚地与其交流沟通，这样我们的交往才会是愉快的。

以静制动，泰然面对性格急躁的人

在工作生活中，我们时常会遇到性格急躁的人。他们通常爱冲动，做事欠考虑，思想比较简单，喜欢感情用事，行动如急风暴雨，以致许多人都不愿意和这样的人交往。与这样的人打交道应该谨慎，否则稍有得罪，他便怒不可遏，恶语相向。

脾气暴躁的人容易兴奋，容易发怒，自我控制力差，动不动就发火，但这样的人其实比较直率，不会搞什么阴谋诡计，而且他们重感情、重义气，如果对他们以诚相待，他们便会视你为重要朋友。

那么，应如何应对脾气暴躁者的急躁与粗暴呢？

遇上脾气暴躁的人冒犯你时，你一定得保持头脑冷静，一笑了之是不错的办法。这种"一笑了之"的笑，可以是泰然处之的微笑，可以是表示藐视的冷笑，也可以是略带讽刺的嘲笑……当然，最好是泰然处之的微笑，它不仅可以使自己摆脱尴尬的局面，而且还可以让对方知难而退，避免事态恶化。

歌德有一次在公园散步，迎面碰到一个曾对他的作品提出严厉批评的评论家。那位评论家性格急躁，他对歌德说："我从来不给傻子让路！"

"而我相反！"歌德幽默地回答。

一句幽默的话语，一个微笑，也许是与脾气暴躁的人相处很好的回应。与这样的人交往，宜多采用正面的方式，以静制动。

除此以外，还有以下几点需要注意的地方：

（1）暂时忍让，避开锋芒。当脾气暴躁者冒犯你时，你应当压住心头的火，暂时忍让，避开锋芒。待对方冷静时，再轻言细语地劝说对方，也可讲事实摆道理，消除双方的误会。

（2）开阔胸怀，宽宏大度。面对无礼态度不加计较，你要有温和的态度、宽广的胸怀，会使本来发火的对方火气消减、自感没趣。

（3）对性格急躁者，如果可以坦率面对，以诚相待，你们一定可以成为更好的朋友。

总之，在遇到脾气暴躁的人的时候，我们自己应该保持平和的心态，同时略用一些社交小技巧，就能够很好地与脾气暴躁者相处了。

面对尖酸刻薄者，保持良好的心态

尖酸刻薄的人，往往爱取笑和挖苦别人，挖人隐私不留余地，冷嘲热讽无所不知，直到对方颜面扫地才肯罢休，所以很少有人愿意与这样的人交往。与刻薄的人交往，唯一的方法就是以宽厚之心来对待，一笑了之。一般有以下几方面的技巧：

1. 用微笑反"刻薄"

遇到尖酸刻薄的人，最好别把他的话当真，一笑了之是最好的应对办法。

2. 顺着说下去

面对尖酸刻薄的人，他说什么你都不必动怒，反而顺着他的意思说下去，这也是一种抗拒之法。比如他说："你怎么今天穿得花里胡哨的。"你可以这样笑着回答："我想做个鲜艳的人，不错吧？"像这样的回答，既显出你的修养和素质，也阻挡了对方的嘲讽。

3. 勇敢面对

尖酸刻薄的人常常伶牙俐齿，得理不饶人。对于你来说，能够勇敢地面对对方的嘲讽而又不至于反唇相讥，实在不是一件容易的事。一个有效的办法是不要回避，而采取直截了当的反问；另一个办法就是当着其他人的面要求对方解释清楚他的话，一旦嘲讽你的人知道你看穿了他，也就自觉无趣，不会再骚扰你了。

4. 宽恕之心

当你听到尖酸刻薄的话时，虽然你知道那话是冲着你来的，你可以这样想——那句话实际上与自己无关，也就自然能平心静气了。记住，有一颗宽恕之心是重要的生存之道。

5.脸皮不妨厚点儿

谁都无法避免尖酸刻薄的话的侵犯，就算是最好的朋友，有时也可能由于某些原因而说出一些伤人的话。在这种情况下，可以学得脸皮厚一点儿，既然谁都有这种缺点，又何必去计较呢？

总之，面对尖酸刻薄者，保持良好的心态，让他们自讨没趣去吧！

让"实用主义者"觉得和你交往有益

有一位青年，曾梦想要做美国总统，但这个梦想似乎过于遥远。该怎么办呢？他经过几天几夜的思索，拟定了这样一系列的连锁目标：

做美国总统之前，首先要做美国州长→要竞选州长必须得到雄厚的财力后盾的支持→要获得财团的支持就一定得融入财团→要融入财团就最好娶一位豪门千金→要娶一位豪门千金必须成为名人→成为名人的快速方法就是做电影明星→做电影明星的前提需要练好身体。

按照这样的设想目标，青年开始努力。他开始刻苦而持之以恒地练习健美，他渴望成为世界上最结实的壮汉。3年后，借着发达的肌肉、雕塑似的体形，他成了"健美先生"。

在以后的几年中，这位青年将欧洲、世界、全球、奥林匹克"健美先生"等诸多美誉收入囊中。22岁时，他踏入了美国好莱坞。在好莱坞，他花费了10年时间，一心去表现坚强不屈、百折不挠的硬汉形象。终于，他在演艺界声名鹊起，女友的家庭在他们相恋9年后也终于接纳了他。他的女友就是赫赫有名的肯尼迪总统的侄女。

他与太太生育了4个孩子，组建了一个幸福的家庭。2003年，年逾57岁的他退出影坛，转为从政，成功地竞选成为美国加州州长。

他就是阿诺德·施瓦辛格。

施瓦辛格就是最典型的"实用主义者"。

实用主义者通常做事情目标明确，不会盲目地随波逐流。不肯服输、做事努力和勤奋是他们给人的印象。但是实干家也有其个性上的不足之处，因为他们考虑问题永远是以结果为导向，所以他们做事时往往目的性太强。这种目的性让他们患得患失，失去了一颗享受的平常心。

那么我们应该如何与这种类型的人打交道呢？

（1）一般实干家总是很在意利益得失，所以与他们交谈时，要巧妙地避谈利益问题，以免给他们留下不好的印象。如果你想要改变他们的作风或者让他们思考其他的方案，最有效的方法是告诉他们，这样做可能会有助于他们获得更好的结果。

（2）与他们交谈时，一定要突出自己的逻辑，明确自己的目标。同时，内容也不能太空洞，要具有实践的可能性，让他们觉得有吸引力。

（3）交谈中，不要轻易暴露自己真实的意图。不管你是欣喜或愤怒，你都要将自己深深隐藏起来，这样才能够达到迷惑对方的目的。有时，不露声色也要掌握一定的度，把握不好，过犹不及。在适当的时候也不妨"虚则虚之，实则实之"，以搅乱对方的判断。

（4）如果你喜欢他们，不妨尽量配合他们，因为当你与他们站在同一阵线时，他们也乐于保护你，与你分享他们的成就。

在同实干家打交道时，一定要保持一份从容的心态，你可以学习他们对自己梦想执着不放弃的精神，但是千万不要传染上了他们的功利心。

学会面对清高傲慢的人

在日常交往中，有些人往往自视清高、目中无人，表现出一副"唯我独尊"的样子。与这种举止无礼、态度傲慢的人打交道，实在是一件令人难受的事情。这种清高傲慢的人常常有如下3种表现：

1. 高傲自大，目中无人

清高傲慢者自以为本事大，有一种至高无上的优越感，总以为自己很了不起，别人都不如自己，常常说话语中带刺，做事我行我素，表现出自信和自负心理，对别人则是不屑一顾。

2. 孤芳自赏，固执己见

清高傲慢的人往往性格孤僻，喜欢自我欣赏。他们往往听不进别人的意见，凡事都认为自己做得对，对别人持怀疑与不信任的态度。

3. 自命清高，眼高手低

清高傲慢者多自命不凡、好高骛远、眼高手低，自己做不来，别人做的他又瞧不起，所以做什么事都感到不值得去做。

有人说，对这种人就必须以牙还牙。他傲慢无礼，你便故意怠慢他。这种做法在适当的时候也许是必要的，但并不提倡，它通常更多的只是一种从感情出发的表现。对方的傲慢清高似乎对我们是一种侮辱，可当我们理性地思考一下自己的目的和处境时，却发现应该寻求某种更适当的交往方式。如果他傲慢、你怠慢，便很可能使交往无法进行下去，这显然对于双方都是不利的。所以，应该从有利于我们交往的角度来选择自己的行为方式。

方法一：表示信赖。

一般情况下，对待清高傲慢的人要相信他们，对他们表示信赖，并在适当的时候、场合给他们一点取胜的机会，让他们把自己的自信心充分建立起来。使他们养成良好的习惯，以代替那种满足自己虚荣心而表现出来的盛气凌人的傲慢态度。

方法二："当头一棒"。

有的清高傲慢者傲慢骄横，自以为自己的地位、学识等都处于优势，很可能蔑视他人，或者大肆地攻击他人。这种人无论到什么地方，都认为"人不如我"，因此总将自己的骄傲潜藏在虚伪的谦和之中。那么，怎样应对这样的人呢？有位名家说得好："有许多人，赞美他不免是件危险的事，因他自命不凡，一经抬高，他就会跌得粉碎。狠狠地当头一棒，也许是良策益方。"

与这种人打交道谈话时，切忌柔柔软软、拖泥带水，而应简洁明了。尽可能用最少的话清楚地表达你的要求与问题，这样让对方感到你是一个很干脆且很少有讨价还价余地的人，因而也就会约束自己的言行。

和搬弄是非的人保持距离

世上从来就不缺乏喜欢搬弄是非的人，当然你的身边也不会没有，这些人喜欢整天挖空心思打探别人的隐私，喜欢东家长西家短，喜欢背后说别人的坏话，喜欢无事生非。

搬弄是非的人常常具有这样的心态：他们处处为自己着想，总是把自己的利益放在第一位，不肯做一点儿牺牲，在这一点上，他们与自私自利者相同。然而，搬弄是非的人有非常强烈的狭隘意识，有幸灾乐祸的病态心理，他们常爱挑起事端，在别人分歧之间谋取个人利益。他们往往主观臆断、妄加猜测；他们叽叽喳喳，不负责地传播小道消息；他们幸灾乐祸，干涉别人的隐私。而且在搬弄是非的同时总是嘟嘟囔囔，似乎对什么都不满意，无论大事小事，都是牢骚满腹。

搬弄是非的人最明显的特征就是"油嘴滑舌"，他们表面上很会说话，很会套近乎，很通情达理，与一般人接触、交往也很讲感情，所以人们有时会把心里话告诉他们，甚至把对第三者的褒贬评价和是非好歹也倾囊吐出，用不了几天时间，此话便被张扬出去，弄得你与其他人的关系越来越紧张。你因一言之失，不止得罪了一两个人，也会使更多的人对你顾忌重重。

这种人不但破坏了人与人之间的团结，伤害了朋友之间的感情，也导致了社会局部的不稳定。那么我们身边一旦有搬弄是非者，应该怎样与他们相处呢？

首先，保持沉默。与好搬弄是非的人相处时，涉及他人是非的话不说，关系到自己利害的话不说，不给挑拨离间者留下"做醋"的把柄和作料，让他无处下手才好。

其次，挺身而出。背后议论别人是一种不道德的行为，不能迁就，必须正直地站出来，帮助议论者改正不良习惯。帮助搬弄是非者改正恶习，行之有效的办法是尊重对方，以朋友式的态度进行善意的规劝；同时，巧妙地引导对方正确客观地评价别人。比如，当对方谈论他人时，可以先顺着对方的话音，谈谈这个人确实存在的缺点，然后再谈他的长处，从而形成一个正确的结论。

而如果对方搬弄是非的恶习已成为性格特征，那就干脆不理他。"走自己的路，让别人去说吧！"千万不可一听到搬弄是非的话，就立即去找那人对质。这样会使大家都很难堪，解决不了根本问题。更不要一时性急，去找那人"算账"，吵闹起来那就更难堪。这样也会使大家把你和他等同起来，看成没见识的人。

据此来说，生活中我们若不想被是非所累，那么最好远离喜爱搬弄是非的人，与他们保持一定的距离。

应对自私自利的人，以他的利益打动他

在社会交往中，难免遇到自私自利的人。这种人心中只有自己，凡事不肯付出，总是把自己的得失放在前头，如果要他做些于己无利的事，他是肯定不会考虑的。但是，即使面对这样的人，事情该办还是得办。

在没有利益冲突时，自私自利的人也不会有什么特别之举，一旦在生活上或工作中涉及一些利害问题时，其自私的本质便会暴露无遗。他们会以各种理由推掉不属于自己的工作，如"自己的能力处理不了""自己手上的工作已很繁重""本来自己做也无妨，但宁愿把机会让给你，以使增加工作经验"等。因此，如果身边有这样的人存在，千万别抱太大的希望，指望能在困难的时候得到他们的帮助。

尽管他们的心中只有自己，十分注重个人的利益得失，但是

他们也往往会因利益而忘我地工作。如果我们能够将他们这种特点加以引导利用，也可让其为我们做一些事情。比如，对于自私自利的人完全可以以一种利益交换的方式让他们为自己办事。假如有一种产品100块钱一件，你给他200块钱，让他帮你捎回两件，这种情况下他就会有怨言。因为你虽然给他的钱正好买两件产品，但是他却认为自己吃了亏，因为他没有从中挣到劳务费。因此，他就有可能为你购买几十块钱一件的劣质产品。所以，有求于这种人时，最好要让他占上一点儿"小便宜"，在利益的驱动下他自然也就愿意为你办事了。

通常自私自利的人还有精打细算的特点。如果我们能够将他们这种特点运用到某些特定的地方，也可以发挥其优势。例如，让这种自私自利的人干一些财务工作，在有严格约束的情况下，他们往往会成为集体的"守财奴"。

自私自利的人虽然惹人讨厌，但是如果能适当地运用他们的特点，也会有一定好处的。

（1）可以直接给予他们一定的物质或金钱上的回报作为办事的条件，在这种利益的驱使下，他们的办事热情一定非常高。

（2）与自私自利的人交往时，一定要公私分明。公是公，私是私，不要让他们有机可乘，从你这里获取各方面的利益。

（3）应对自私自利的人，最好任何时候都对他们保持一种敬而远之的态度，切忌将他们一棍子打入"冷宫"。最好找到他们的发光点，并让他们发扬，也可以给人带来收获。

都说换个角度看待事情会有意想不到的收获，看待自私的人正要另辟蹊径，你会发现他们常常有不同于别人的特点。所以，可以这样说，自私的人是一把双刃剑，善用技巧与这类人交往，也许你会从他的自私中有所收获。

学会和自己不喜欢的人打交道

大家一般都愿意和自己喜欢的人交往，而不愿和自己不喜欢的人往来，但现实生活中却不可能完全满足人们的这个愿望。比如，你喜欢安静，但你的邻居偏偏每天都把音响的声音开得很大；你不愿被人打扰，但邻居却时常到你家来借东西；在单位，你不得不与你不喜欢的同事打交道……也许，你会为此而感到烦恼。

其实，这些烦恼是不必要的。人的一个主要特性就是社会适应性。马克思说过："人的本质是社会关系的总和。"我们不可能离群索居。生活中什么样的人都有，除了亲人、知己、朋友，我们还得学会和各种人打交道，包括我们不喜欢的人，这样才能在社会中更好地生存。

就像明人陈继儒《小窗幽记》中所说："居家不一定非要在没有坏邻居的地方住，聚会也不一定得避开不好的朋友，关键是在'自持'。"学会与你不喜欢的人相处，也许还能从他们那里汲取到有益的东西。

陈继儒总结了为人处世的一个重要原则，就是"自持"——自我控制欲望和情绪。能自持的人，就不怕"近墨者黑"，即便生活在污浊的环境里，也能保持自己高尚的人格。再说，"恶邻"毕竟不是敌人，他们也绝不是一无是处，总有些东西是值得我们借鉴的。

另外，每一个人都有自己的生活习惯和为人处世的方式，只要不是违法乱纪的，我们就要尊重别人的选择，宽容别人。当邻居在装修时，我们会为传来的刺耳噪音而心烦意乱，对邻居有意见。但我们也应该想想，自己也会有装修的时候，噪音同样会打扰别人。如果邻里之间都能相互担待，相互谅解，那么大家的关系就融洽多了。我们常常看不惯有些人身上存在的毛病，难道我们自己身上的毛病别人就看得惯吗？我们可以不喜欢别的毛病，包括品德上的缺点，但不应该排斥他们，如果像对待脏东西一样避之唯恐不及，就容易为自己树敌，就会失去帮助他人进步的仁厚之心。

那么，该如何和自己不喜欢的人打交道呢？

一是"忍让"。宁可自己受些委屈或吃点儿亏，也不要为小事而与对方争个高低，甚至头破血流。

二是主动接近对方。你可以先伸出友谊之手，主动和对方打招呼。对方原来可能怀有的对你的戒备心或敌意就可能化解。你很客气地提出一些问题，他们就可能会加以注意和改进。

三是把你想象成对方。站在对方的角度考虑问题，你就可以体会他们的想法，从而修正自己的一些不正确的做法，这有助于双方关系的改善。

四是接受他人的独特个性。人人都有其特点，不要试图改变这个事实。接受他的独特个性，也会获得他对你的尊重。

五是多想想对方做对了的事。每个人都有独特的一面，试着去发现这一点。

六是以自己的言行去感化对方、影响对方。社交中有一种互惠效应，如果你的行动是对对方有利的，那么对方也会下意识地做出回报。

美国作家马格勒在《个性与成功生活》一书中写道："我们要容忍、谅解以及去爱别人，而不是等待他们来服侍我们，更不是给他们机会去表现他们的缺点，而是要我们自己积极主动地容忍别人和讨人喜欢……以一项对别人友善及有益的计划来发展我们自己，我们的能力以及个性，会使我们的友谊更高贵。"如果我们像马格勒说的那样去做，"恶邻"和"讨厌的人"也就有可能会成为善邻和好友。

我们不仅要和志同道合的人打交道，同时也要学会和"另类"的人打交道。如果我们真诚、友善地与不喜欢的人相处，或许能感受到一种新的人生体验和乐趣。

和难以相处的人做朋友，增加你的人格魅力

在与人交往的过程中时，我们要和不同的人相处，必须要有和不同人打交道的本领。在工作或学习中，时常会碰到被我们认为"难以相处"的人。有的人比较内向，即使你找话题和他聊天，他也不理不睬；有的人骄傲自大、目中无人，似乎对你充满敌意；有的人成天牢骚满腹，怨天尤人；有的人要求苛刻，百般挑剔；有的人浅薄无聊，充满低级趣味……如果和这些人只是偶尔相处倒也罢了，问题是有时你会被迫长时间地和他们交往、相处和共事。在这种情况下，你要学会如何对付这些难以相处的人。

首先，造成这种困扰也许是你自己的问题，是你对别人要求过高所造成的。你可试着同你周围的人交往，看看你所认为的"难以相处者"在其他人眼里是否也是这样。如果别人并没有这样的感觉，那你就要从你自己或你们两个人的关系上找原因。

不可否认，有些人难相处且本性难改，其恼人劣迹深深扎根于他们的个性之中。另外也有一些人——事实上是绝大多数人——只是偶尔有那么几次让人不快。无论对方的恼人行为是出于根深蒂固的天性，还是临场即景的偶然表现，你应当关心的是如何重新调整自己的态度和举止，适当化解这种消极的行为，而不是煞费苦心地去揣摩隐藏在他人怪异行为背后的原因。

其次，对于真正的难以相处者，你要学会设身处地地了解对

方的处境，即运用移情法。你不必同他争执，更不必强迫他去做些什么，而是心平气和地询问他采取这种方式对待别人的原因。在这种情况下，即使你的目的没有达到，也能在一定程度上缓和你们之间的关系。当然，他给出的原因在你看来可能是十分荒谬的，你也不必马上去反驳他，而是设法从他的言谈中发现某些真实的成分（这是一定有的）。这样做，能够进一步缓解你们之间的关系，使双方都觉得心情舒畅。

同时，你还可以采用适当的方式让他知道，你对他对待你的方式、方法感到十分不安，这种方法常能软化难以相处者的敌对情绪。如果在这种情况下对方仍没有领你的情，你可直言向他表明"现在"不是交谈的最好时机，"过一段时间"你们有必要进行更多的交流，并强调这是你们双方必须做的工作。这样做的目的，是使双方都能得体地从僵局中摆脱出来。如果你能以一种宽容大度的方式对付他的"难以相处"，那么久而久之，对方也会不自觉地改变他的行为而同你的水平看齐，这样就避免了很多不必要的麻烦。

一旦学会如何在生活中对待一个难以相处的人，以后再碰到这样的人，应对起来就会更加得心应手了。

流言蜚语不要传

我们身边常常有这样一些人：他们到处散布别人的流言蜚语，每天不是东家长就是西家短，让人厌烦。这类人也许只是想增加一点儿饭后的谈资，但他们的言辞却对别人产生了很大的影响，甚至有些人竟被流言蜚语淹没，自身的才能被流言蜚语渐渐吞噬。

流言蜚语会对人们的工作、生活产生巨大影响。

办公室的是是非非每天都发生着，你可能是个很有正义感的人，忍不住要挺身而出"匡扶正义"；也可能你是个外向型的人，眼里看不惯嘴里要说出来；也可能你是个"事不关己，高高挂起"，少管闲事的人……不管你是个什么样的人，你都得要和同事们日复一日年复一年地相处下去。这就需要你掌握一些说话有分寸的招法，塑造一种受欢迎和受欣赏的说话形象和风格，以便使身边的同事不至于小看你或者抓住你的某个话柄找你的麻烦。

对于造谣中伤，大多数人都是深恶痛绝，而提到流言蜚语，虽然大多数人也表示厌恶和排斥，但不少人总爱在不知不觉中就加入其中。

"今天我看见业务科的小赵在咖啡厅和一个年轻姑娘坐在一起。"结果经过无数人的传播，传到最后时已经变成"业务科的小赵在咖啡厅和一个漂亮姑娘搂搂抱抱，可亲热呢！"甚至"那姑娘还是本公司的某某小姐"。但实际上呢，小赵只不过是在咖啡厅同妹妹商量搬家的事。

许多人传播流言蜚语并不认为自己在传闲话。而且流言蜚语往往传得特别快。今天早上发生一件事，一经"传播家们"的渲染，绘声绘色的叙述，晚上准能传遍全城，而且面目全非。

作为公司中的一员，时刻与同事相处，对于同事的品质应该有所了解。切不可把鸡毛当令箭，把流言蜚语当作真事来传。

如果自己不能时刻觉察到自己有这个毛病，那么请同事来提醒你，监督你。加入流言蜚语的行列实在是极愚蠢的，害人又害己。

试想一下，当你偶然发现某位跟你十分投缘的同事，竟然在你背后四处散播谣言，数说你的不是和缺点，这时你才猛然觉醒，原来平日的喜眉笑目，完全是对方的表面文章！晴天霹雳之余，你会痛心地想，跟他一刀两断。

如果你也加入了流言蜚语的队伍，凡是有点儿头脑的人，都会反过来这么想："这次你在我面前说别人的坏话，下次你就有可能在别人面前说我的坏话。"这样一来，你在别人心中的印象也不可能好到哪里去。

在日常生活中，常常会遇到别人在你面前说另一个人的坏话，对此你要端正态度，用辩证的思维去考虑这种情况，把握好应对的分寸。

宽容别人就是宽容自己

一位哲人说："人能成全他人，也能毁弃他人；互相帮助能使人奋发向上，互相抱怨会使人退步不前。"工作中同事之间有了不同意见，应以商量的口气婉转地提出自己的看法，尽量避免伤害他人自尊心的言辞。如果遇到不合作的同事，则要表现出你的宽容和修养，学会耐心倾听对方的意见，并对其合理部分表示赞同，这样不仅能使不合作者放弃"对抗状态"，也会开拓自己的思路。

某同事得罪过你，或你曾得罪过某同事，虽说不上反目成仇，但心里确实不愉快。如果你觉得有必要，可主动去化解僵局，也许你们会因此而成为好朋友，也许只是关系不再那么僵硬而已，但至少减少了一个潜在的对手。这一点相当难做到，因为大多数人就是低不下头来！要允许别人犯错误，也允许别人改正错误。不要因为某同事有过失，便看不起他，从此另眼看待对方，"一过定终身"。

春秋时期的管仲和鲍叔牙是一对好朋友，他们两个人合伙做过买卖，共同谋过事，一起打过仗。后来，他们两人都在齐桓公手下当大官。

管仲年少时家境穷困，曾经和鲍叔牙合伙做生意，赚了钱，他分给自己的多，分给鲍叔牙的少。鲍叔牙根本不与之计较，也不认为管仲贪财。此后管仲多次为鲍叔牙出谋划策办事情，但"谋事在人，成事在天"，每次事情都办得十分糟糕，鲍叔牙并不因此认为他是愚笨之徒。事实清楚地证明了这段友谊的结果：在管仲落难，被"幽囚"之时，又是鲍叔牙力荐管仲为相，使管仲成就了大业。

同事所犯的错误有时候会给你带来一定的伤害，或在某种程度上牵连你。在这种情况下，能否用一种宽容的态度对待这种"过"，就是衡量人的素质的一个标准。宽容别人是一种美德，有时尽管自己心里并不痛快，却应该设身处地地也为对方想想，考虑一下自己如果在他那个位置会如何做，做错了事之后又有何种想法。

小张和小杨合作共同完成一项工程。工程结束后，小张有新任务出差，把总结和汇报的工作留给了小杨。正巧赶上小杨的孩子生病，小杨因为忙于给孩子看病，一时疏忽，把小张负责的工作中一个重要部分给弄错了。总结上报给主管以后，主管马上看出了其中的毛病，找来小杨。小杨怕担责任，就把责任推给了小张。因为工程重要，主管立刻把小张调回来。小张回来后，莫名其妙地挨了主管一顿训斥。小张仔细一问，这才明白了是怎么回事，赶快向主管解释，才消除了误会。小杨平时与小张关系不错，出了这件事后，心里很愧疚，又不好意思找小张道歉。小张了解到小杨的情况，主动找到小杨，对他说："小杨，过去的事就让它过去吧，别太在意了。"小杨十分感动，两人的关系又近了一层。

其实只要你愿意做，你的风度会赢得对方对你的尊敬，因为你给了对方宽容。